Adelino Cardoso

Labirinto do Eu

KOTTER
EDITORIAL

Copyright @ 2019 Kotter Editorial
Direitos reservados e protegidos pela lei 9.601 de 19.02.1998.
É proibida a reprodução total ou parcial sem autorização, por escrito, da editora.

Editor
Sálvio Nienkötter

Editor-adjunto
Raul K. Souza

Produção
Cristiane Nienkötter e Raul K. Souza

Capa
Cleber Orsioli

Editoração
Fernando Ribeiro

Dados Internacionais de Catalogação na Publicação (CIP)
Andreia de Almeida CRB-8/7889

Cardoso, Adelino
   Labirinto do Eu / Adelino Cardoso. –- Curitiba : Kotter Editorial, 2019.
   184 p.

   ISBN 978-65-80103-03-4

   1. Filosofia I. Título

19-0196   CDD 100

Texto adequado às novas regras do acordo ortográfico de 1990, em vigor no Brasil desde 2009.

Rua das Cerejeiras, 194
CEP: 82700-510 – Curitiba – PR
Tel. +55(41) 3585-5161
www.kotter.com.br | contato@kotter.com.br

1ª edição
2019

Sumário

Apresentação 5

I   A subjetividade bernardiniana:
o Eu dito no feminino 17
    1. O Eu como pura afecção,
sem suporte metafísico 17
    2. De mim ao eu 21
    3. O eu diz-se no feminino 27
    4. A polaridade masculino/feminino 34

II   O Eu como humanidade singular
em Montaigne 41
    1. De si a si mesmo 41
    2. O homem sou eu 47
    3. A subjetividade do juízo 54
    4. Conclusão 59

III   Tu — O primado da relação na arte médica
segundo Francisco Sanches 61
    1. Apresentação 61
    2. Duvida comigo 62
    3. Cogita 64
    4. Como te sentes? 66

IV Psicologia moral em Descartes 69
    1. Afeto e determinação da vontade 69
    2. O uso das paixões 79

V Consciência e inevidência do eu em Malebranche 89

VI A Representatividade do Pensar na Controvérsia entre Malebranche e Arnauld 113
    1. Introdução 113
    2. Malebranche: a representatividade da ideia ... 116
    3. Arnauld e a representatividade do pensar 122
    4. Conclusão 131

VII Percursos da Individualidade: do Indivíduo ao Sujeito 133
    1. A matriz suareziana: o indivíduo é o todo 133
    2. A inflexão glissoniana: o indivíduo como ipseidade 143
    3. A interpretação monadológica do indivíduo ... 151

VIII O Inconsciente leibniziano da vida 163
    1. Introdução 163
    2. O significado da consciência: o paradigma lockeano 166
    3. Conclusão 180

Apresentação

> "Nós não estamos nunca em nós próprios,
> estamos sempre aquém ou além."
> Montaigne, *Ensaios*, I

> "O eu só existe quando é invisível ao seu próprio olhar."
> Touraine, Alain, *Critique de la modernité*

O EU ESTÁ NO CERNE DA INTELIGIBILIDADE MODERNA. Ora, o eu é uma figura múltipla, que se dá e se diz de várias maneiras, produzindo formas distintas e, inclusive, contrárias da subjetividade. Por conseguinte, a tendência para considerar a subjetividade cartesiana como a matriz da subjetividade moderna parece-nos desajustada e, além disso, empobrecedora. Antes de Descartes, na filosofia e na literatura do Renascimento, encontramos narrativas muito elaboradas sobre a subjetividade e que se revelam, aliás, de uma espantosa atualidade.

Os textos que compõem o livro reforçam-se e elucidam-se reciprocamente. No entanto, cada um deles tem a sua autonomia e pode ser lido por si. Ainda assim, não é acidental que o *Labirinto do eu* se inicie com uma obra invulgar da literatura portuguesa: *Menina e Moça* de Bernardim Ribeiro, publicada em 1553. É essa a entrada principal para o nosso labirinto: uma figuração do eu que chama a atenção pela forma especial da narrativa, que de modo algum se ajusta ao registro biográfico.

A questão da identidade — quem sou eu? — e do tempo irrompem abruptamente com a própria narrativa: "Menina e moça me levaram de casa de minha mãe para muito longe. Que causa fosse então daquela levada, era ainda pequena, não a soube. Agora não lhe ponho outra senão que parece que já então havia de ser o que depois foi."[1] Na destrinça e no entrelaçamento destes três tempos — *então, depois, agora* — joga-se muita da dificuldade e da fina tessitura da novela. Efetivamente, não se trata de três momentos de um mesmo tempo, mas de três temporalidades distintas, que se sobrepõem e enredam mutuamente, ritmando todo um jogo de metamorfoses.

Então é o tempo da Menina como personagem, que cabe no espaço de uma página: tempo inaugurado pela sua enigmática levada e que desencadeia um ciclo incontrolável de desgraças, que o bem passageiro não vem suavizar, mas agravar: "Vivi ali tanto tempo quanto foi necessário para não poder viver em outra parte. Muito contente fui em aquela terra, mas, coitada de mim, que em breve espaço se mudou tudo aquilo que em longo tempo se buscou e para longo tempo se buscava. Grande desaventura foi a que me fez ser triste ou, per aventura, a que me fez ser leda. Depois que eu vi tantas coisas trocadas por outras, e o prazer feito mágoa maior, a tanta tristeza cheguei que mais me pesa do bem que tive, que do mal que tinha. (*Ibid.*). *Depois* é o tempo da consumação das desgraças inauguradas pelo *então* da levada: um tempo movido pelas sem-razões da fortuna, que rege o teatro mundano da existência, um tempo instável e inconstante, enigmaticamente escuro.

Agora indica uma nova temporalidade, distinta daquela que é articulada pela inconstância da fortuna, a temporalidade do eu, marcado por uma tristeza insuperável. Ao nível dos fatos, não há alteração: o mesmo tipo de acontecimentos funestos continua a desenrolar-se na circunstância envolvente da Menina. O que mudou foi a relação da Menina com esses acontecimentos, atribuindo-lhes um sentido ou uma razão de ser, no plano subjetivo: tais acontecimentos dizem-me respeito, afetam-me e eu sou seu sujeito, não enquanto agente, mas enquanto paciente que os sofre e responde

---

[1] Ribeiro, Bernardim, *Menina e Moça*, introdução e fixação do texto de Helder Macedo, Lisboa, Publicações Dom Quixote, 1990, p. 55.

por eles. É assim que ganha forma a identidade feminina da Menina, que, por conseguinte, não designa uma etapa da vida, mas um modo de ser, uma identidade. Menina é a figura matinal de eu, cujo *ethos* é a responsabilidade, uma qualidade própria das mulheres e a razão de ser da sua entranhada tristeza: "Isto é assaz para as tristes das mulheres, que não temos remédios para o mal, que os homens têm. Porque o pouco tempo que há que vivo, tenho aprendido que não há tristeza nos homens. Só as mulheres são tristes: que as tristezas, quando viram que os homens andavam de um cabo para outro, e como as mais das coisas com as contínuas mudanças ora se espalham, ora se perdem, e as muitas ocupações lhe tolhiam o mais do tempo, tornaram-se às coitadas das mulheres, ou porque aborreceram as mudanças, ou porque elas não tinham para onde lhes fugir." (p. 66).

Agora é o tempo da narrativa do eu, da Menina como narradora que dá expressão à multiplicidade das vozes que ecoam ao longo do "ribeiro", que sinaliza o curso habitual da existência humana. Assim, muito longe de ser um caso de fragmentação ou dissolução do eu, segundo a leitura padronizada de *Menina e Moça*, ela é a encenação dramática e comoventemente bela de um eu que se dá na duplicação infinita de si, como subjetividade indissoluvelmente afetada pela relação com o outro na pluralidade das suas figuras. A decisão de entrar no labirinto da escrita aconteceu por acaso: "E foi assim que, por caso estranho, fui levada em parte onde me foram diante meus olhos apresentadas em coisas alheias todas as minhas angústias, e o meu sentido de ouvir não ficou sem a sua parte de dor" (p. 56). Trata-se, no entanto, de uma decisão acertada, que coloca a Menina no seu lugar e no andamento mais ajustado à sua condição de responsável por tudo o que lhe acontece a ela e à humanidade que partilha a sua experiência: "Isto [o pouco tempo que me resta] me pôs em dúvida de começar a escrever as coisas que vi e ouvi. Mas depois, cuidando comigo, disse eu que arrecear de não acabar de escrever o que vi não era causa para deixar de o fazer, pois não havia de escrever para ninguém senão para mim só, ante quem coisas não acabadas não havia de ser novo. Que quando vi eu prazer acabado ou mal que tivesse fim? Antes me parece que este tempo que hei-de estar assim em este ermo, como ao meu mal aprouve, não o podia empregar em coisa que mais de minha vontade fosse. Pois Deus quis, assim minha vontade seja."[2] (pp. 56-57).

A responsabilidade é, na Menina, temperada por uma outra qualidade, originalmente feminina: o cuidado, uma forma especial de amor, feito de atenção e disponibilidade para o outro, que é o destinatário e a fonte inspiradora da palavra a escrever: "Que em que me vejais só, acompanhada estou. (…) A toda a parte onde já agora posso ir segura de tudo, senão só de meu cuidado, que não vou a cabo nenhum que ele não vá após mim"[3].

O caráter labiríntico do eu é expressamente assumido por Montaigne, nos seus *Ensaios* (1580-1593), que são a obra de referência da subjetividade renascentista. Com efeito, o estudo de si, que caracteriza o *ethos* do autor, é acompanhado de um sentimento de estranheza em relação a si próprio, admiravelmente expresso pela palavra monstro, que marca a singularidade e o insólito do eu: "Não vi no mundo monstro e milagre mais flagrante do que eu próprio" (*Ensaios*, III, 1). Um verdadeiro eu é uma maravilha que envolve inextricavelmente algo de monstruoso, que nos espanta e nos envergonha: "Mas eu (…) engendro-me tantas quimeras e monstros fantásticos uns sobre os outros, sem ordem e sem objetivo, e para contemplar à vontade a sua inépcia e estranheza, comecei a registrá-los (*les mettre en rolle*), esperando, com o tempo, levá-los a ter vergonha de si mesmos." (I, 8).

Longe de ser uma estrutura fechada e solipsista, o eu dá-se como abertura a todo um mundo de variedades, que constitui a própria interioridade, que outra coisa não é senão uma forma única de atenção aos outros, a qual se revela em face da leitura de uma obra, do contato com costumes aparentemente bizarros, de reações inusitadas de um personagem histórico ou

---

[2] *Ibid.*, pp. 56-57.
[3] *Ibid.*, p. 63.

da recordação de um episódio marcante na sua vida. A narrativa adequada a um eu assim, instável e vagabundo, é desordenada e ao sabor do fluxo casual dos seus fenómenos internos: "É uma empresa espinhosa, mais ainda do que parece, seguir um andamento tão vagabundo como o do nosso espírito, penetrar nas profundezas opacas das suas pregas internas, e escolher e fixar um número incontável dos mais ínfimos aspectos das suas agitações."[4]

Descentramento de si, abertura ao outro. Esta dimensão intersubjetiva define o caráter de outra figura marcante da subjetividade renascentista, que ganha forma na obra de Francisco Sanches *Que nada se sabe* (*Quod nihil scitur*), publicada em 1581. De fato, o que está em jogo nesta obra é o ponto de focagem do olhar clínico, tendo em atenção a complexidade do ser humano e a singularidade de cada um dos humanos. O médico deve ter um conhecimento exato das doenças, suas causas, sintomas, evolução e terapêutica adequada, mas acima de tudo deve prestar atenção ao doente e ao modo peculiar como a doença o afeta. Por conseguinte, o médico lida com algo de invisível a um olhar objetal, que faz parte da vivência ou da experiência interna do doente. Tal é o significado de que a verdadeira ciência é "visão interna", percepção imediata daquilo que se passa em cada um. O médico lida com a subjetividade única de um paciente, que apela à sua empatia e requer cuidados específicos.

A orientação fundamental da filosofia da subjetividade proposta em *Que nada se sabe* está claramente indicada pela fórmula "pensa tu próprio em ti" (*tu tibi ipse cogita*), que o autor considera *remédio extremo* para as dúvidas que assaltam o espírito humano e barram o seu caminho: "O que resta? O remédio extremo: pensa tu próprio em ti".[5] O cuidado do médico dirige-se ao eu como unidade integrada e incindível. Por conseguinte, Sanches recusa a definição habitual do homem como um animal racional porque ela se

---

[4] Montaigne, *Ensaios*, livro II, cap. 6.
[5] Sanches, Francisco, *Que nada se sabe*. In Idem, Obra filosófica, Lisboa, INCM, 1999, p. 86.

inscreve numa representação fantasiosa, elaborada a partir de noções vagas e desprovidas de significação como a de ente, através da divisão em gêneros e espécies que não passam de classificações arbitrárias da nossa mente.[6] Importa ir às próprias coisas imediatamente, na sua individualidade e complexidade, seguindo a tese de que "só dos indivíduos pode haver ciência".[7] Efetivamente, como é dito no mesmo parágrafo, o homem individual é "uma coisa una" (*una res*) e um todo (*totum*), isto é, um composto psicossomático que age e padece como um todo: "Tudo aquilo que um animal faz ou sofre, como composto o faz e sofre, não sendo só esta ou aquela parte que age ou sofre. Logo, a saúde e as doenças são do animal todo, ainda que a sua origem proceda ora da alma ora do corpo. Por isso, a ira e a inveja são paixões do animal inteiro (*totius animalis*), e não da alma, como alguns disseram."[8] O foco de Sanches é, pois, o de uma singularidade altamente complexa.

Descartes opera uma viragem no modo de conceber a subjetividade renascentista, desde logo no plano metodológico. Assim, ao invés dos movimentos descontrolados da cogitação, isto é, da vida interna do sujeito, Descartes centra-se no *cogito* como fundamento de todo o saber e forma originária do eu. A proposição "penso, logo existo" é tomada por Descartes como o ponto fixo inabalável que serve de base e de modelo a todo o pensar. Na formulação das *Meditações*: "De maneira que, depois de ter pensado bem e de ter examinado cuidadosamente todas as coisas, finalmente, é preciso concluir e assumir como constante que esta proposição *Eu sou, eu existo*, é necessariamente verdadeira, todas as vezes que eu a pronuncio ou que a concebo no meu espírito" (AT VII, p. 25).

O excesso de luz que caracteriza a evidência do *cogito* advém da sua simplicidade: o que se dá no eu penso é o ato pelo qual o pensante apreende

---

[6] *Ibid.*, pp. 67-68.
[7] *Ibid*, p. 93.
[8] Sanches, Francisco. *Sobre a longevidade e a brevidade da vida*. In Idem, *Obra Filosófica*, INCM, 1999, p. 232.

APRESENTAÇÃO

imediatamente o seu pensamento e que Descartes designa como intuição (*intuitus*). A identidade do eu pensante reside na sua natureza simples, posto que o pensante constitui uma verdadeira substância, apta a existir e subsistir por si. Neste quadro, o homem é um mero pensante, não um animal racional (AT VII, p. 25).

Ora, o que é extremamente interessante no percurso intelectual de Descartes, é que a sua metafísica da simplicidade não joga com a experiência fenomenológica de que sentimos e pensamos com todo o nosso ser, do qual é parte inalienável o nosso corpo. Muito em especial na intensa troca epistolar com a princesa Elisabeth da Boêmia, Descartes reconhece que a intimidade alma-corpo significa a primordialidade da sua união, cujo estatuto é, por conseguinte, o de uma noção primitiva, a par da ideia de pensamento e de extensão.[9]

O eu passional e afetável da correspondência com Elisabeth e das *Paixões da alma* é uma realidade mais complexa e bem mais opaca do que o simples eu pensante enquanto efetividade do *cogito*.

A questão da significação do *cogito* esteve no cerne do debate filosófico na posteridade imediata de Descartes, nomeadamente na controvérsia sobre as ideias, que envolveu Antoine Arnauld e Nicolas Malebranche nos anos oitenta do século XVII e representou uma oportunidade para cada um deles elaborar uma filosofia original da subjetividade.

Malebranche elabora um sistema filosófico-teológico muito peculiar, que se forma através da reformulação das doutrinas emblemáticas do cartesia-

---

[9] "Em primeiro lugar, considero que há em nós certas noções primitivas, que são como originais, sobre o padrão das quais formamos todos os nossos outros conhecimentos. Há muito poucas noções deste tipo. Com efeito, depois das mais gerais de ser, de número, da duração, etc., que convêm a tudo o que podemos conceber, temos apenas, para o corpo em particular, a noção de extensão, da qual se seguem as de figura e de movimento; e para a alma sozinha, temos unicamente a de pensamento, na qual estão compreendidas as percepções do entendimento e as inclinações da vontade; finalmente, para a alma e o corpo juntos, temos apenas a da sua união, da qual depende a força que a alma tem de mover o corpo, e o corpo de agir sobre a alma, causando os seus sentimentos e paixões." (Carta de Descartes a Elisabeth, 21. 05. 1641, AT III, p. 665).

nismo: estatuto fundador do *cogito*, imanência das ideias ao sujeito pensante, criação das verdades eternas. A posição justa do eu é a de acolhimento e receptividade da Razão universal, não a de centro e fundamento do saber. A ciência da alma não é a primeira, a mais simples e evidente de todas. Mais do que isso, não há ciência da alma. O filósofo oratoriano é, assim, levado a inverter a ordem cartesiana das razões: a alma, que é uma substância espiritual, só se apreende sensivelmente (por experiência ou sentimento de si), ao passo que o corpo, que é uma substância material, é passível de apreensão inteligível (através da extensão inteligível). Ao proceder desta maneira, Malebranche inaugura a distinção moderna entre ciência e consciência.

A escaldante controvérsia entre Malebranche e Arnauld é um episódio altamente revelador das tensões inerentes à inteligibilidade cartesiana, nomeadamente no que respeita à natureza do pensar. O cerne do diferendo reside no significado e estatuto da ideia. O que é uma ideia: uma entidade inteligível ou o produto da intelecção humana? Qual a relação entre o pensar e a ideia e entre esta e a coisa a que ela se refere? A ambiguidade cartesiana reside em que a ideia é definida como a forma dos nossos pensamentos, identificados como os fenômenos imanentes à consciência, mas simultaneamente Descartes defende que a ideia contém "realidade objetiva".

Malebranche distingue claramente pensamento, ou percepção, e ideia. A ideia é algo de real, uma entidade ou essência inteligível, que tem a função de fornecer ao espírito a luz necessária para a visão dos objetos materiais, invisíveis por si mesmos. A intelecção consiste, pois, basicamente na recepção da ideia, que tem a função de representar as coisas materiais, distintas e heterogêneas em relação a ela. Por conseguinte, não há ideia daquilo que o espírito apreende imediatamente, seja por intuição (Deus e as ideias matemáticas), seja por sentimento ou consciência (o eu). A teoria malebrancheana da representação supõe uma assimetria entre pensamento e ideia. Enquanto tal, o pensamento é uma afecção do espírito, que pode ser apreendida por sentimento, não por uma ideia inteligível.

Arnauld opera a simplificação do cartesianismo, reduzindo-o a um núcleo sistemático de verdades cuja evidência lhe parece inquestionável[10]. A sua obra *Des vraies et des fausses idées* (1684) é uma versão original da gnosiologia cartesiana, sistematicamente ordenada segundo a ordem das razões, à margem de considerações metafísicas e morais. O espírito é reduzido à sua dimensão cognitiva e investido de um poder demiúrgico, expresso no seu poder de representar. Ao passo que, para Malebranche, a percepção ou ato de pensar revelava a passividade do espírito e a eficácia da ideia sobre ele, para Arnauld, a percepção é essencialmente ativa, produzindo as ideias mediante as quais representamos as coisas. As ideias são as nossas percepções enquanto referidas aos objetos, donde resulta que toda a percepção é intelectual, logo, apanágio do espírito. A representatividade é intrínseca ao pensar, que apreende imediatamente os seus objetos, que são nada mais nada menos que as próprias coisas visadas. Demarcando-se do uso tradicional e, inclusive, do uso cartesiano do termo objetividade, Arnauld identifica esta com a inteligibilidade da própria coisa que se apresenta ao pensante.

O capítulo *Percursos da individualidade: do indivíduo ao sujeito* aborda um tópico controverso — o da articulação entre duas noções fulcrais da racionalidade moderna, indivíduo e sujeito. Numa interpretação que teve um certo impacto, inclusive entre nós, A. Renaut delineia um percurso inaugurado pela posição moderna da subjetividade e culminando numa individualidade fechada e auto-suficiente. A lógica inscrita na história filosófica da subjetividade conduziria a uma identidade assente na referência exclusiva a si: "*Fantástica dissolu*ção paralela da subjetividade e da intersubjetividade, a monadologia é neste sentido o ato de nascimento filosófico do indivíduo e do individualismo"[11]. A leitura segundo a qual a monadologia de Leibniz consuma a tendência moderna a sobrepor a noção de indivíduo à de sujeito,

---

[10] Como obra de síntese sobre Arnauld, veja-se Ndyaye, A. R. *La philosophie d'Antoine Arnauld*. Paris, Vrin, 1991.
[11] Renaut, A. *L'Ère de l'individu*. Paris, Gallimard, 1989, p. 140.

é desajustada não só à compreensão da evolução interna e significado do leibnizianismo, mas também à da dinâmica interna do pensamento no século XVII, que vai de uma filosofia do indivíduo como entidade que se autoconstitui e efetiva por si a uma subjetividade relacional e aberta, marcada pela desinerência a si.

A este respeito, a transição para a modernidade é feita por F. Suárez (1548-1647), ao elaborar uma metafísica em que o indivíduo é a realidade básica e prima sobre a espécie, não só no plano ontológico, mas também no gnosiológico: o indivíduo é o todo, no qual se inclui a espécie e o gênero. Seguindo a matriz suareziana, F. Glisson (1599-1677) e G. W. Leibniz (1646-1716) desenvolvem uma reflexão original sobre a temática do indivíduo em que, cada um à sua maneira, orientam o indivíduo na direção do sujeito. Glisson marca esse ponto muito vigorosamente: a individuação opera-se por subjetivação. Leibniz assume igualmente essa orientação, inscrevendo-a no âmbito de uma metafísica da expressão que acentua o caráter relacional e o vínculo comunitário inerentes ao ser individual: o indivíduo não é um fragmento, mas um ponto de vista do mundo atual.

O capítulo final, *O inconsciente leibniziano da vida*, apresenta uma figura da subjetividade em que o si primordial pertence a uma camada arcaica do psiquismo, situada aquém da consciência e da intencionalidade. A experiência de si faz parte intrínseca do vivo, *a subjetividade é o como da vida*, que se dá através do fluxo espontâneo de percepções insensíveis que marcam a continuidade da vida anímica, o modo de vinculação ao mundo e o caráter próprio do si.

A consciência é uma modalidade da vida, a sua expressão culminante, mas não a camada fundadora. Tal como em Freud, o inconsciente é em Leibniz o fundo incontrolável e imperceptível de um dinamismo inesgotável. A marca mais tipicamente leibniziana reside na relevância do corpo próprio enquanto agente de ipseização, ao invés da concepção lockeana de um eu que se constitui na esfera da consciência, abstraindo inteiramente do plano da corporeidade.

Labirinto do eu reúne dois capítulos do livro *Fulgurações do eu. Indivíduo e singularidade no pensamento do Renascimento* (2002) e o conjunto dos capítulos do livro *Vida e percepção de si. Figuras da subjetividade no século XVII* (2008), ambos publicados pelas Edições Colibri. Agradeço ao meu amigo Fernando Mão de Ferro, proprietário e diretor editorial das Edições Colibri, a autorização de publicação destes textos no volume que agora se apresenta ao público brasileiro.

Agradeço a Sálvio Nienkötter, da Kotter Editorial, e a Vivianne de Castilho Moreira, diretora da coleção, o bom acolhimento ao *Labirinto do eu*.

I
A subjetividade bernardiniana: o Eu dito no feminino

1. O Eu como pura afecção, sem suporte metafísico

A TRISTEZA É O TRAÇO MARCANTE DA FISIONOMIA DA Menina, pelo qual se define o seu caráter[12]. O que me proponho neste capítulo é uma focagem da tristeza pelo ângulo da subjetividade, indagando o modo como ela é incorporada na vivência que o eu faz dos acontecimentos que o afetam.

Tristeza é inadequação insanável entre eu e o mundo. Ora, surpreendentemente, o assumir da tristeza não significa erguer um muro à sua volta, construir uma morada inacessível, romper o vínculo com o outro e com a comunidade histórica de pertença, refugiando-se numa interioridade fechada. Não é assim que a Menina assume a sua condição feminina de um eu triste: fá-lo mediante a referência a si de todas as desgraças que se abatem sobre a comum humanidade. A subjetivação do mundo é a via de constituição de um eu que se não reduza a um mero caso psicológico. como bem assinalou Wittgenstein no *Tractatus*, 5.641:

---

[12] Cf. *Fulgurações do Eu*, cap. I.

> Existe de fato um sentido no qual se pode falar em filosofia do eu sem ser em termos psicológicos.
>
> O eu surge em filosofia através do fato de que 'o mundo é o meu mundo'.

É assim para o eu e, por maioria de razão, para o *eu afetado que sente*. Com efeito, o sentimento diz respeito à totalidade do eu na sua vinculação ao outro e au mundo. O sentir cria uma atmosfera própria, dá uma tonalidade inconfundível ao universo da experiência.

A subjetividade que faz a sua aparição na *Menina e Moça* não é, pois, a de uma entidade que se constitui através da referência imediata a si, mas a *afecção pura*, desprovida de suporte metafísico-entitativo: um eu totalmente dessubstancializado, cuja fenomenalidade não é a do ente que se posiciona em face do outro por um dinamismo de diferenciação. O indício que atesta a sua presença é a incoerência da narrativa: a desordem do acontecer é agravada pela adveniência do *eu sensível*.

Menina e Moça é, intrinsecamente, "uma obra de dissimulação genial"[13]. Não se trata de uma estratégia de ocultamento de si no intuito de manter inacessíveis os seus mais íntimos recônditos, já que *essa dissimulação é o modo ajustado de encenar a verdade do eu no afrontamento do seu próprio enigma*. Bernardim intenta revelar o núcleo mais íntimo do eu, o sentimento que qualifica toda a experiência e dá uma tonalidade característica ao mundo. Ora, trata-se de um domínio que não se deixa apreender objetalmente, de um modo factual, em que *as coisas só se podem dizer através de outras coisas, numa linguagem indireta e desordenada*. Dizem-se umas coisas para outras que não têm acesso direto à linguagem discursiva.

---

[13] Luís, A., *Menina e Moça e a teoria do inacabado*. UNL, Faculdade de Ciências e Tecnologia, 1984, p. 9.

Como revelar aquilo que, por natureza, escapa à discursividade: não os eventos pelos quais se passou, mas a vivência subjetiva que os acompanhou enquanto o seu lado mais íntimo e essencial? Qual a linguagem adequada a exprimir o sentimento ou ele é pura e simplesmente indizível? A dificuldade reside em que, desde os seus níveis mais elementares, o sentimento inclui algum modo de linguagem. A expressão física e psíquica é um componente do próprio sentir: a vivência de um sentimento ocorre no interior de uma linguagem e é por si mesma comunicativa. Sob este aspecto, assumo como boa hipótese de trabalho a tese de Dumouchel segundo a qual *o afeto é primordialmente expressão*[14], num processo em que a significação não é privada[15], mas se constitui na relação com o outro, cuja resposta é um elemento especificador do ato afetivo[16]. Numa obra que merece uma atenção cuidada, Dumouchel afasta-se da concepção segundo a qual os sentimentos pertencem à esfera privada do sujeito, defendendo seu caráter relacional[17]. No que respeita a *Menina e Moça*, a intensidade dramática e força emocional da obra não reside na revelação de fenômenos invulgares e nunca vistos: o relato da obra incide sobre ações há muito conhecidas, sempre as mesmas, e que não cessam de nos comover e chocar. O teor fortemente afetivo da obra reside no

---

[14] O que faz com que a emoção seja social não é que o afeto tenha sempre o outro como objeto, mas o fato de ele ser primariamente expressão, antes mesmo de ser tal ou tal emoção" (DUMOUCHEL, P. *Émotion, essai sur le corps et le social*, Le Plesis-Robinson, Institut Synthélabo pour le progrès de la connaissance, 1995 - pp. 119-120).

[15] "Em meu entender, o que distingue a emoção não é a perturbação física nem o sentimento íntimo acessível apenas ao sujeito, ou pelo menos privilegiadamente acessível à primeira pessoa, mas o fato de ela ser expressão, manifestação" (DUMOUCHEL, P., op. cit., pp. 114).

[16] "Só a resposta do outro, creio, determina aquilo de que se trata e permite fazer de um gesto esboçado e impreciso, uma ação afetiva determinada" (DUMOUCHEL, P., op. cit., pp. 122).

[17] "As emoções não são características do agente que determinam o sucesso ou o fracasso da coordenação, mas o resultado da coordenação para o agente. Tal resultado pode ser feliz para um e infeliz para outro, como quer que seja, não se trata de uma característica individual do agente, mas de uma propriedade relacional" (DUMOUCHEL, P., op. cit., pp. 23).

modo como eu me posiciono em face do acontecer e como estou implicado no fluir dos acontecimentos.

O eu da Menina revela-se na consideração do outro e todo o seu discurso consiste em *dar voz a um outro* que, por sua vez, narra histórias alheias há muito conhecidas, num outro tempo. O encontro surpreendente com "a dona do tempo antigo" não é um acontecimento fortuito, já que é por ele que se marca a relação da Menina com a linguagem e simultaneamente a sua efetiva identidade. Menina é um nome, não uma fase da existência: um personagem matinal que mantém viva a ligação da linguagem com a sua fonte primordial. Sujeito passivo da linguagem, Menina devém autora pela sua *capacidade de ouvir* de uma maneira renovada, como se fossem suas, aquelas palavras que, de cada vez que são articuladas, são palavras ouvidas. *Na sua gênese primordial, a linguagem não é criação do sujeito, mas a própria maternidade, a primeira habitação e a fonte da comunidade.* A palavra mantém a ligação com a mãe e confere ao ouvinte a sua condição de filho, gerado na comunicação inter-humana, que é antes de mais comunicação afetiva do sentir.

O eu diz-se no feminino porque a capacidade de ouvir é tipicamente feminina: *Podeis dizer tudo*, assim se dirige a Dona à Menina, prosseguindo nestes termos: "que eu sou mulher como vós, e segundo sigo vossa presença, vos devo ainda ser muito conforme, porque me pareceis triste"[18]. *Sou mulher como vós*: é o outro que me confirma na minha identidade. Ser mulher define um caráter que se manifesta pela capacidade de experimentar provações, enfrentar todo o tipo de padecimentos, assumindo-os como seus. O que falta aos homens é o sentido da responsabilidade, não apenas a responsabilidade pelos seus atos, mas também e principalmente a *responsabilidade universal* por todos os males que afetam o ser humano. Tal como Levinas, é a responsabilidade que investe o eu na posição única de um sujeito insubstituível: "Sou

---

[18] Ribeiro, B. *Menina e Moça ou Saudades*. Introdução e fixação do texto de Helder Macedo. Lisboa, Dom Quixote, 1990 - p. 62. Daqui em diante, será citada como *Menina*, seguida da página respectiva.

eu que suporto outrem, que dele sou responsável. Vê-se assim que no sujeito humano, contemporânea de um sujeito total, se manifesta a minha primogenitura. A minha responsabilidade não cessa, ninguém pode substituir-me. De fato, trata-se de afirmar a própria identidade do eu humano a partir da responsabilidade, isto é, a partir da posição ou da deposição do eu soberano na consciência de si, deposição que é precisamente a sua responsabilidade por outrem. A responsabilidade é o que exclusivamente me incumbe e que, humanamente, não posso recusar. Este encargo é uma suprema dignidade do único. Eu, não intercambiável, sou eu apenas na medida em que sou responsável"[19]. O momento inaugural da viagem interior que Bernardim nos propõe não é a presença imediata do eu, mas o *mim* que é o *sujeito passivo* daquele *levaram* inicial. O eu vislumbra-se aí de um modo ainda obscuro na *procura de uma razão subjetiva para essa levada que me aconteceu e pela qual respondo na qualidade de paciente visceralmente afetado por ela.*

2. De mim ao eu

A INTRIGA DA OBRA É DE QUE UM EU À PROCURA DE SI, num mundo que não tem medida comum com esse mesmo eu: "Menina e moça me levaram de casa de minha mãe para muito longe. Que causa fosse então daquela minha levada, era ainda pequena, não a soube. Agora não lhe ponho outra senão que já então havia de ser o que depois foi" (*Menina*, p. 55).

O início da novela parece ajustar-se a uma narrativa convencional: um acontecimento que inaugura uma sequência narrativa. A expectativa do leitor desprevenido será a do relato da viagem empreendida por um eu que, no términus da sua deambulação, intenta apropriar-se reflexivamente da sua própria história vivida. Que não vai ser assim, sabê-lo-depois. Como

---

[19] Levinas, E. *Ética e Infinito*. Lisboa, Edições 70, 1988 - pp. 92-93.

saberemos o porquê de assim ser: que se não trata de um logro, do anúncio de algo cujo cumprimento vai ser indefinidamente adiado[20], mas que é esse o modo ajustado de narrar uma experiência de si e das coisas, o modo de acesso à verdade do eu.

A levada é uma viagem que me fizeram, uma viagem anterior ao meu eu. O que levanta um mar de perplexidades: Quem, sem mim, me levou? Que levada foi essa que antecedeu o nascimento do meu eu? Qual a razão profunda deste estranhamento, deste modo de ausência na relação a si das coisas?

Me/eu são dados conjuntamente, mas não são termos coextensivos. Há um jogo, uma tensão entre mim e eu: as funções ilocutórias de um e outro são intransponivelmente distintas: *me* é a Menina enquanto personagem, a protagonista anunciada de uma história; *eu* é a Menina enquanto autora que narra a sua história em coisas alheias, sob um fundo de imemorial, no qual se inscreve o *me*. Assim, me antecede o eu. Há uma assimetria entre o tempo da narrativa e o tempo do eu. E reside aí, porventura, a razão primeira da obscuridade da obra: o eu constitui-se como testemunha de um mundo que o transcende.

Neste quadro, a levada inaugural não é o primeiro acontecimento de uma série sucessiva, mas uma cena que se repete e que tipifica um modo de relação fundamental: uma *cena originária*. A fórmula que mais comoventemente exprime essa situação é a pergunta da Menina evocando seu amigo verdadeiro, aquele que foi arrastado pelo mais incerto fado para o mais inóspito dos longes[21]: "Meu amigo verdadeiro, quem me vos levou tão longe?" (*Menina,*

---

[20] "São três as histórias que se autonomizam ao longo da novela de Bernardim, adiando o relato da vida da Menina e Moça" (RIBEIRO, C. A., *À descoberta do Mundo interior: Sonhos, sombras e vozes na* Menina e Moça. In: Vários, *Estudos Portugueses, Homenagem a António José Saraiva*. Lisboa, IN-CM, 1990, p. 80).
Idêntica posição é adotada por Isabel Margato: "A Menina e Moça vai desaparecendo pouco a pouco, cedendo o lugar privilegiado aos seus duplos, que assumem a sua história e o seu espaço" (*As Saudades da* Menina e Moça, Lisboa, IN-CM, 1988 - p. 96).

[21] "Como vós fostes, tudo se tornou tristeza. Nem parece ainda senão que estava espreitando já que vos fôsseis. E porque tudo ainda mais me magoasse, tão-somente não

p. 57). O que vai escrito no livro é essa inadequação entre o personagem e os seus acontecimentos. Levada é a impossibilidade de prosseguir o seu próprio caminho, o desencontro entre o caminhante e os seus passos, numa errância sem medida nem fim.

É algum modo de levada que faz a marcação da novela, amplifica a intensidade dramática dos acontecimentos, introduz na narrativa as variações rítmicas que marcam os momentos mais densamente significativos.

Lamentor é o exemplo do homem previdente e empreendedor, que logra alcançar a terra que julga ser uma morada propícia para a sua prole. A sua figura de retidão moral inunda a atmosfera da obra. Ele é o símbolo da fidelidade à sua amada: não como a Penélope, cuja firmeza é alimentada pela esperança no regresso do seu amado, mas uma fidelidade que se fortalece na dura provação que é a perda irreparável de Belisa, cuja morte acompanha o nascimento de Arima. O amor é a força que dá vigor a Lamentor e lhe abre as portas a uma nova forma de vida, na clausura dos Passos que manda erigir em memória da sua amada. O passamento de Belisa é um episódio típico de levada, como bem exprimem as palavras doridas de Lamentor: "Quem vos pôde apartar de mim em terras estranhas para me fazerdes tão triste?" (*Menina*, p. 88). A ausência de Belisa, contra todo o seu querer[22], é o fato marcante que molda o caráter de Lamentor e o seu modo de presença à narrativa.

---

me foi deixado em vossa partida o conforto de saber para que parte da terra íeis, que descansaram meus olhos em levarem para lá a vista." (*Menina*, p. 57).

[22] Vale a pena transcrever os termos em que Bernardim descreve o passamento de Belisa. Querendo poupar o seu amigo à dor que a afetava, evitando movê-lo a paixão (*Menina*, p. 81), Belisa só manda chamar Lamentor quando se sente "meia como passada deste mundo". Este acorre prontamente e dirige-se a ela: "Que coisa foi esta, senhora?". E prossegue Bernardim: "E as lágrimas lhe encheram com estas palavras o rosto seu e dela, e levantou então Belisa cansadamente uma mão, e com a manga da camisa tomava para lhe alimpar os olhos. Mas não seguindo ela já a sua vontade, se lhe tornou a deixar cair para baixo, e ela pondo então os olhos fitos nele para sentir não mais, e daí os foi cerrando vagarosamente como que lhe pesava muito de o deixar assim para sempre" (Op. cit., p. 83).

Bimarder e Aónia são o exemplo de duas almas feitas uma para a outra, em que o amor é o despertado e excitado pelos sentidos mais espirituais — o olhar e o ouvido — e pela fantasia que gera o êxtase e o transporte amorosos. Com a cumplicidade de Inês, sua aia dedicada e leal, Aónia vai encontrar-se com Bimarder, na cabana por ele improvisada. Não dura muito este encontro furtivo. Aónia é forçada a despedir-se e ir mas não vai toda, o seu corpo desencontra-se dos olhos, nos quais está concentrada a parte mais íntima do seu ser: os olhos ficam com Bimarder, que também "perdia a vista". Vale a pena transcrever o como desta despedida que cinde nternamente, mais do que afasta este par de amorosos: "Mas estando assim nisto eles ambos, e não estando eles ambos ali, chegou Inês muito rijo à porta, dizendo que se queriam já ir e que a mandavam chamar. E assim foi forçado levantar-se Aónia e ir-se, e Bimarder ver tudo e ficar. Mas Aónia, que bem via os olhos de Bimarder como ficavam, tomou uma manga da sua camisa e, rompendo-a, como para remédio de suas lágrimas lha deu, significando na maneira só de como lha deu o para que lha dava, que parece que a dor grande não lho deixou dizer por palavras. Mas em lha dando, pôs seus olhos nos seus dizendo só assim:

> Pesa-me, pois minha ventura não quis que vos deixasse de magoar com o que eu não quisera.

Estas palavras lhe disse ela já fora da porta, e com elas e com o que sentiu ao dizer delas, duas e duas lhe começaram as lágrimas de correr dos seus formosos olhos, e pelas suas faces formosas abaixo lhe iam fazendo carreiras por onde se iam. Que Bimarder a tanto choro convidou quanta era a razão, pois perdia por ela a vista. E foi tanto o choro que não lhe abastaram os seus olhos às suas lágrimas, pelo que não pôde então dizer nada. Mas Inês apressando a Aónia coma a fala e com as mãos, quase empuxando-a e levando-a já, virou-se para ele Aónia dizendo 'Levam-me'.

E deixando-se ficar toda com os olhos, se foi assim levada, até que com as paredes das outras casas trespôs a porta daquela de Bimarder" (*Menina*, pp. 123-124):

Se foi assim levada. O modo de despedida desse par de almas gêmeas antecipa a levada constrangida de Aónia, obrigada pelo "praz-me" de Lamentor a casar com "o filho de um cavaleiro muito valido e rico nesta terra", num jogo de interesses e obrigações mútuas que nada tem a ver com o amor.

A terceira história — a de Avalor e Arima — abre com uma viagem cuja simbologia marca a distância intransponível entre os dois amorosos. Arima a menina nascida de Belisa, a única personagem cuja história pertence toda à novela, vais ser levada para a corte do rei mais famoso de toda aquela região. Lamentor acompanha a filha nessa viagem que ambos empreendem, não por iniciativa própria, mas em cumprimento de um dever, correspondendo ao desejo expresso do rei. Esta viagem evidencia o contraste entre dois espaços heterogêneos: o sagrado e o profano. Os Paços de Lamentor, são o centro simbólico de *Menina e Moça*, mas nenhum acontecimento digno desse nome ocorre aí. Qual templo erigido em memória de Belisa, é um lugar de saudade, uma escola moral onde se aprende o amor na sua dimensão espiritual. Amar Belisa é elevar-se da terra que aprisiona e limita o ser humano. O desacerto entre Avalor e Arima, desacerto que se impõe apesar da afeição mútua entre estes amorosos, simboliza a impossibilidade de conciliar dois modos de estar e sentir contrastantes. É essa situação de desajustamento que o *grande feito* de Avalor vem evidenciar. Qual tenha sido o ato de Avalor não o sabemos, mas conhecemos o seu efeito: a separação de Avalor e Arima. Esta regressa a casa de seu pai e Avalor empreende uma viagem purificadora, banhado na atmosfera da imagem idealizada da sua amada, numa deambulação infindável em que o mundo, com as suas regras e obrigações, não cessa de obstruir a progressão do eu ao mais íntimo de si mesmo, que é também onde pode acolher-se no coração de pousada, que é

Arima[23]. A dificuldade em consumar a união com a amada na fantasia e na imaginação do amante, que não cuida de nenhuma outra coisa, é um fardo que pesa desde sempre sobre os humanos, como refere Avalor ao exprimir até que ponto é infeliz, por não poder transpor todos os obstáculos que o separam da sua amada dentro de si. À dama que o faz acordar da sua "deleitosa imaginação" (p. 151) e lhe pergunta, perante o embaraço de Avalor ao seu pedido, se duvida das suas palavras, responde ele:

> "Não duvido, senhora", lhe tornou ele, "mas estou-me espantando de quão mofino sou".
> "E em quê?"
> "Eu vo-lo direi. Meu pai, quando ainda moço pequeno, por grandes sem-razões da ventura, foi levado da sua terra natal para outras muito alongadas dela, onde..." (*Menina*, p. 158).

É assim que as sem-razões da fortuna movem o fluir da existência, num ciclo interminável, que o inacabamento do livro espelha admiravelmente.

Perante esta encenação da natureza humana como uma levada, a transição do me ao eu será mais do que uma miragem? Que lugar para o eu nesta sequência narrativa perfeitamente incontrolável, em que o personagem é deixado à mercê de um tempo enganador que faz gorar toda a expectativa de algum bem duradouro? É essa a grande perplexidade que *Menina e Moça*,

---

[23] "E assim se entregou todo às águas do mar, que pela ventura houveram dele piedade, que contam que também moram nas águas coisas que guardam religião. Adonde Avalor cuidava morrer, deram prestesmente com ele por um ensejo que por uma parte daquele rochedo se fazia, e espraiava logo o mar. E recolhidas que foram as águas, ficou ele assim deitado naquele areal por muito grande espaço, e havendo-se por morto, porque com a descente da mare que já então era, não tornou mais chegar o mar a ele.
Contando ele depois isto a um seu amigo grande, dizendo que nunca tão contente fora, cuidando que era morto, porque lhe parecia que andava com a senhora Arima, ouvindo--lhe falar aquelas palavras vagarosas que pareciam dizer-se para sempre, e via-lhe aquele mover de sua boca, que só aos olhos dele outro tempo fizeram presunção de serem imortais, e daí olhava os seus dela, como docemente se estavam à sombra daquelas sobrancelhas, onde parecia só que descansando estava o amor" (*Menina*, p. 151)

na sua necessária inconclusividade, encena: vale a pena fazer planos, alimentar expectativas relativamente ao futuro? Depois de tudo o que aconteceu, faz sentido esperar *ainda* alguma coisa? Há um tempo para a realização da *esperança* e que tempo pode ser esse? Qual a relação desse tempo com este nossos de agora, o *agora paradoxal* que é o tempo único da narrativa?

A chave do enigma está na disparidade de duas temporalidades indiciadas pelos termos então/agora, que encontramos no início do Prólogo. Então é o momento de um tempo sucessivo, o momento da levada inaugural da qual decorre tudo quanto depois foi. Então/depois é o tempo escuro e incerto em que tudo me acontece sem mim. Agora não é um momento de uma série temporal descontínua, é a duração real, a continuidade de um fluxo inesgotável de mudanças, sem verdadeiro começo nem fim: não é a imobilidade, é o movimento ininterrupto da aventura íntima a que chamamos existir.

O eu não é uma identidade que se passeia pela existência, ele é o próprio decurso em que consiste a sua experiência, o traçado de um caminho que se identifica com os passos do viandante. Fulguração do rosto em face do anonimato do acontecer, o eu não advém abruptamente, ele constitui-se por um *movimento de subjetivação* enquanto refere a si todos os seus acontecimentos, não como seu agente, porquanto tudo lhe adveio extrinsecamente, mas enquanto seu *sujeito passivo*. Trata-se de uma metamorfose, uma autêntica conversão interior, que é a resposta a um chamamento, a uma voz que sussurra ao ouvido interno e cuja audição requer o silenciamento dos sentidos exteriores. *Menina e Moça* dá corpo a essa voz, é ela a fonte de toda a sua inspiração.

3. O eu diz-se no feminino

O EU NÃO SE CONSTITUI EM FACE DO MIM POR UM movimento retrospectivo do olhar reunindo os fragmentos dispersos de uma biografia individual. No entanto, Bernardim acentua a continuidade entre estes dois níveis da experiência de si: o eu é gerado no interior do mim pela potência fecundante de um sentimento que se experimenta em face do sofrimento, não o sofrimento próprio, mas o do outro. A compaixão ou a piedade é o fundamento de toda a verdadeira comunidade e é ela o local de nascimento e a morada do eu: "E foi assim que, por caso estranho, fui levada em parte onde me foram diante meus olhos apresentadas em coisas alheias todas as minhas angústias, e o meu sentido de ouvir não ficou sem sua parte de dor.

Ali vivi então, na piedade que houve de outrem. (Menina, p. 56).

É ainda de uma levada que se trata, de um acontecimento que sobrevém ao mim impessoal, um acontecimento imprevisível, surpreendente, que é a certidão de nascimento do eu: a descoberta do outro como rosto, e não já um alguém impessoal que se impõe de fora ao sujeito. O eu é, no seu próprio nascimento, um fenômeno intersubjetivo: o encontro com o outro e a reconciliação consigo são uma mesma experiência, que se traduz numa *intensificação do sentimento*.

O eu constitui-se na relação ao outro. Quem é o outro que me desperta para o meu eu, que me faz nascer para uma vida nova? Já percebemos que é disso que se trata: de um encontro inesperado que altera radicalmente a relação de si consigo: a personagem que aguarda "a derradeira hora", sem o menor horizonte de futuro, transfigura-se numa figura matinal, cuja identidade é expressa pelo termo Menina. Esta é um modo de identidade, não uma fase da existência.

O outro que me toca no mais fundo de mim mesmo e me faz nascer para o meu eu não é uma entidade anônima, um outro percebido sob o modo do negativo, como a representação do não-eu, ao modo de uma figura da exterioridade. Não. Essa figura da alteridade como experiência de *estranhamento*, é a do sujeito impessoal daquele "me levaram" inicial. O modo de relação ao outro e o ponto de encontro com ele alteram-se na mesma medida em que se altera a experiência de si.

Não se trata igualmente do outro como membro da humanidade genericamente considerada, inspirando o sentimento de *filantropia* em face dos incontáveis seres investidos do título de humanidade. Assim concebido, o outro é um indivíduo merecedor de respeito e amizade, enquanto partícipe da humanidade, mas não é um sujeito singular e único.

O encontro de que se trata em *Menina e Moça* é um encontro entre subjetividades: o outro é o meu próximo, aquele cujo sofrimento me toca como sendo meu e em face do qual não posso, ao menos, simular indiferença. O encontro com ele dá-se na mais recôndida solidão daquele ermo inóspito que, aconselhada pelos seus males, a Menina escolheu. Toda a sua viagem foi demanda desse lugar onde todas as paixões, todas as preocupações, projetos, ambições se calam e se ergue a fortaleza de uma vontade reconciliada consigo mesma. O encontro com o outro na sua figura autêntica e tocante processa-se na interioridade, no mim que serve de habitação primeira ao eu: "Daqui me veio a mim parecer que esta mudança em que me eu agora vejo, já a eu então começava a buscar, quando me esta terra, onde me ela aconteceu, aprouve mais que outra nenhuma para vir nela acabar os poucos dias de vida, que eu cuidei que me sobejavam" (*Menina*, p. 56). O encontro com o outro é viagem interior — esta mudança que me aconteceu —, experiência afetiva daquele cuja ausência intensifica o afeto para com ele. O outro que vem ao meu encontro e me dá o sentimento do meu eu, da unicidade do meu ser singular, é o meu amigo verdadeiro. O "amigo verdadeiro", aquele cujo amor não conhece desfalecimento ou hesitação, foi levado para parte incerta: "E porque ainda mais me magoasse, tão-somente não me foi deixado em vossa partida o conforto de saber para que parte de terra íeis, que descansaram meus olhos em levarem para lá a vista" (*Menina*, p. 57). Nessa levada do amigo, uma única certeza me foi deixada, a de que, onde quer que ele esteja, se trata de um lugar inóspito, um lugar de ausência, aquelas "longes terras e estranhas, *onde bem sei eu* que, vivo ou morto, *o possui a terra sem prazer nenhum*" [it. meus] (Ibid.). Lugar inacessível à vista, mas bem perto dos sentidos internos que motivam todo o meu cuidado com ele. O lugar do encontro da Menina com o seu amigo é o espaço íntimo, aquele ponto imperceptível que faz a ponte do me ao eu. O outro que me desperta e me faz nascer para o meu eu é o companheiro inseparável da minha solidão, aquele que pertence ao meu percurso íntimo.

Saudade é o nome dessa experiência de intensificação pela ausência: a vivência de que a ausência apura e intensifica o afeto para com o outro. A saudade está aquém das divisões do tempo e das distâncias físicas: nela tudo se dá junto. A saudade é o sentimento que melhor indica o eu: a confusão dos tempos, a desordem narrativa. O eu do saudoso é intrinsecamente inenarrável porque nenhuma sequência, nenhuma ordem narrativa, lhe convém realmente. O eu é indiciado por essa desordem que é a vivência da saudade.

Menina e Moça é uma obra de amor e saudade. É o amor vivido na saudade que investe a Menina na função ilocutória que é a sua na novela de Bernardim: *autora* do livro a escrever. No caso da Menina, é o amor do seu amigo que a elege e dá um tom inconfundível à sua voz. É ele o destinatário único da sua palavra.

A tese segundo a qual *Menina e Moça* é um discurso ensimesmado, em que narrador, narratário e destinatário são um só[24], não joga com a intensidade dramática da narrativa, com a marca fortemente subjetiva aí presente. Subjetividade designa o eu enquanto afetado e, por conseguinte, necessariamente envolvido numa teia de relações. A carga afetiva do texto

---

[24] Tal é, designadamente, a tese de Paulo Meneses, que vê nesta obra de Bernardim um exemplo de "autocomunicação", explicitando a este respeito: "Convém não esquecer a própria Menina, ela mesma sujeito, objeto e destinatária dessa escrita" (Meneses, P. *Menina e Moça de Bernardim Ribeiro: os Mecanismos (Dissimulados) da Narração*. Braga/Coimbra, Angelus Novus, 1998, p. 105).

de Bernardim apela a algum modo de sociabilidade, à relação com o outro como indissociável da experiência de si. Daí que a tese, digamos, solipsista assenta na inconsideração dessa *sociabilidade originalmente constituinte do eu afetado*. O livro tem um destinatário insubstituível e é isso que faz dele uma palavra de amor e dá veemência ao discurso que a enuncia. Não se trata, pois, do sentimento nostálgico de um amor vivido num outro tempo, num passado irremediavelmente perdido, a saudade não é isso, mas a afecção pelo amigo na experiência da sua ausência.

A Menina não manifesta ressentimento para com o seu amigo de sempre, aquele a quem nas horas difíceis contava tudo: "Meu amigo verdadeiro, quem me vos levou tão longe?" Que vós comigo e eu convosco, soíamos passar nossos nojos grandes, e tão pequenos para os de depois! A vós contava eu tudo" (*Menina*, p. 57). Na comunidade de sentimento em que viviam tudo era comum, incluindo e principalmente, "suas desditas e minhas". A levada do amigo, que é também sua, não diminui o sentimento e é essa a razão de o interlocutor do livro ser "um só", aquele "a quem *falo*" [it. meu] (*Menina*, p. 58).

Menina é a amada, a sempre-amada, que vive o amor na provação e na ausência: uma situação que bem melhor enfrentam as mulheres do que os homens. O encontro com a "dona do tempo antigo" (p. 61) desenha um jogo de afinidades do qual ressalta a fisionomia típica da mulher, o *ethos* feminino. Um encontro inesperado, que é sentido como "cousa desacostumada" (p. 62) entre dois eus solitários que foram certamente movidos ao silêncio denso daquele vale pela saudade que aí encontraram, porque ele conserva as marcas de todos os males que as afetam: "A grande saudade deste vale e de toda a terra por aqui derredor me fez ousar vir assim" (p. 63), palavras da Dona, que bem poderiam ser da Menina. *Vir assim*. Assim como? Cuidadosamente. Menina estava "assim cuidando" (p. 60) e é assim também que se lhe depara, cuidadosa, a Dona: "Vinha só, na semelhança tão cuidadosa, que não apartava os ramos de si, senão quando lhe impediam o caminho ou lhe feriam o rosto"

(p. 61). Ambas, jovem e anciã, vivem uma mesma experiência da solidão, não sob a forma de alheamento em face do outro, como quem ergue um muro à sua volta, mas expondo-se inteiramente e fazendo-se habitar pelo outro que reclama compaixão e inspira cuidado. As palavras da dona podem aplicar-se igualmente à Menina: "Que, em que me vejais só, *acompanhada estou*. (...) A toda parte já agora posso ir segura de tudo, senão *só de meu cuidado*, que não vou a cabo nenhum que ele não vá após mim" [it. meus] (p. 63). Tal como a Menina, também a Dona cuida, não de si, mas do outro, do seu próximo de quem está separada: e esse é, neste figura-tipo da maternidade, o seu filho. Este foi levado para uma viagem interminável pelo mundo inteiro e essa levada é experienciada pela Dona como dizendo-lhe intimamente respeito. Foi a sua grande desventura o motivo dessa separação dolorosa: 'Maravilha é', começou vir dizendo contra mim, 'ver donzela em ermo, depois que a grande minha desventura levou a todo o mundo o meu...', e daí a pedaço, misturado já com lágrimas, disse: 'filho'" (p. 62).

 Cuidado é afecção em face do outro, que a mulher leva ao limite e a esse modo de afeto chama-se responsabilidade: a Dona sente a dor da separação e, mais do que isso, sente-se como responsável por ela. A responsabilidade pelo outro é o lado prático da compaixão. Responder pelo outro, por todo aquele que sofre e vive na tribulação, significa assumir como seus todos os males que o o afetam. É essa a fisionomia peculiar do eu: a mais radical passividade.

 No encontro entre a Menina e a Dona, o sentimento forte que as contagia uma à outra é o sentimento de responsabilidade, de que lhes cabe dar testemunho de todos os males que afligem o próximo nas múltiplas figuras que este pode revestir, dar voz a todos aqueles que anonimamente suportam o desconforto de habitar uma terra de exílio e ausência.

 Trata-se de um encontro de certo modo iniciático em que a Dona conta à menina uma *história exemplar*: uma história desde sempre falada naquela terra e que a Dona ouvira a seu pai: "Ela, cuidando que por aventura o não queria dizer, 'Mas bem se vê nisso', me disse, 'senhora, que sois doutra parte e que há muito estais nesta, pois dos desastres que sobre este ribeiro acontecem vos espantais. Que é uma história muito falada nesta terra toda e por aqui derredor, muito há que aconteceu. Lembra-me que era eu menina e ouvi-a já contar a meu pai, por história" (p. 64). O livro que vai ser escrito testemunha a audição de uma história que contém a chave do enigma — e reside aí a sua exemplaridade — de todos os desastres que continuam precipitar-se sobre esta terra.

Menina, a autora da nossa novela adota uma postura eminentemente feminina, exprimindo a disponibilidade em face do outro: "Podeis dizer tudo que eu sou mulher como vós" (p. 62). É essa posição justa do falante em face da linguagem, não a do sujeito emissor que toma a iniciativa da comunicação e envia mensagens ao seu interlocutor, mas a do mediador que profere uma palavra imemorial que ecoa no silêncio íntimo do sentido interno. Menina nasce para a linguagem como ouvinte. É esta uma outra maneira de dizer a inspiração.

Escrever é isso: assumir a dimensão profética da linguagem, anunciar a razão das muitas sem-razões que não cessam de nos assaltar. A palavra profética não anuncia um futuro mais ou menos distante, mas a iminência de algo em vias de se cumprir já, na temporalidade nova, que é inaugurada pela decisão, extremamente arriscada, mas a única ajustada, de escrever.

Menina e Moça manifesta a verdade que se oculta no modo feminino de presença, cujo traço distintivo, pelo qual mutuamente se reconhecem a Menina e a Dona, é a tristeza: "'Podeis dizer tudo', me tornou, 'que eu sou mulher como vós, e segundo sigo vossa presença, vos devo ainda ser muito conforme, porque me pareceis triste" (p. 62). A mulher é a medianeira da verdade, dessa verdade contida na tristeza, a que os homens são avessos, e que exprime a relação ajustada para com o mundo: "Porque o pouco tempo que há que vivo, tenho aprendido que não há tristeza nos homens. Só as mulheres são tristes: que as tristezas, quando viram que os homens andavam de um cabo para outro, e como as mais das coisas com as contínuas mudanças ora se espalham, ora se perdem, e as muitas ocupações lhe tolhiam o mais do tempo, tornaram-se às coitadas das mulheres, ou porque aborreceram as mudanças, ou porque elas não tinham para onde lhes fugir. Que certamente, segundo as desaventuras são desarrazoadas e graves, aos homens se haviam de fazer, mas quando com eles não puderam, tornaram-se a nós como à parte mais fraca. Assim que padecemos dois males: um que sofremos, e outro que se não fez para nós. Os homens cuidam outra coisa (mas o que das mulheres não cuidam eles), outra coisa longamente acostumaram: ter em pouco suas tristezas. Mas se elas por isso têm razão de serem mais tristes ou não, sabê-lo-á quem souber que mágoa é manter verdade desconhecida" (p. 66). Tristeza significa a inadequação essencial entre o eu e o mundo, donde resulta um modo de enunciação cujo desenrolar é incessantemente perturbado pela presença de um eu afetado. Na sua desordem e incoerência, *Menina e Moça* é uma obra tipicamente feminina.

4. A polaridade masculino/feminino

A DISPARIDADE ENTRE MASCULINO E FEMININO É particularmente notória no modo distinto de experienciar e manifestar o amor. O homem posiciona-se em face da amada como o elemento ativo, que assume a iniciativa, reservando à mulher um papel passivo. Esta polaridade ativo/passivo marca a fronteira entre dois mundos dificilmente compatíveis. A qual deles cabe a melhor parte é o que importa elucidar.

Na sua obra sobre a *Menina e Moça*, I. Margato faz uma leitura muito crítica no que respeita a este tópico do lugar reservado à mulher no seio da relação amorosa. Esta autora considera que Bernardim nos apresenta no Prólogo da sua novela a mulher como o símbolo do amor, em face do desamor masculino, gerando a expectativa de que as figuras femininas seriam as protagonistas das histórias respectivas. Tal expectativa sairia gorada, porquanto os duplos da Menina, em cada uma das três histórias, seriam os elementos masculinos: Lamentor, Bimnarder e Avalor[25]. Assim, diz Margato, o "amor passa sensivelmente do domínio feminino ao domínio masculino" (Op. cit., p. 91). Nos termos dessa leitura, *Menina e Moça* representaria um ato de violência sobre a mulher, expressa na usurpação dos traços típicos do caráter feminino, que seriam transferidos para os personagens masculinos[26]. Desse modo, a mulher seria destituída da capacidade de amar em proveito do homem: a este caberia o papel de sujeito do amor e ela degradar-se-ia à condição de objeto do amor do sujeito amante masculino. Um pouco à maneira de Meneses, Margato explica o fracasso do intento de dar voz à mulher e dignificar o seu lugar na relação amorosa pela ideologia masculina prevalecente na ambiência cultural de Bernardim[27].

---

[25] "Assim, o amor se inscreve no espaço do sofrimento e, como somente a mulher é sujeita à dor, apelas ela ama (ou sofre) verdadeiramente. No entanto, esse aspecto amoroso, tão sofrido nas mulheres, desenvolve-se no texto de uma forma muito especial, como especiais são todos os elementos da obra. A Menina e Moça, que funciona como o símbolo desse *Amor/dor*, que é capaz de amar em maior grau, funciona como modelo de todas as mulheres, em oposição ao homem, que é a figura do *desamor*, ou, menos radicalmente, que "espalha" as suas tristezas amorosas nas "andanças" da vida. Mas, no deslocamento significativo da Menina e Moça nas outras histórias, o homem é que vai assumir essa sofrida capacidade de amar. Não são, pois, os outros personagens femininos que funcionam como os duplos da Menina e Moça. Lamentor, Bimnarder e Avalor é que vão desempenhar o papel dado a ela no início da narrativa: o de viver/morrer na ausência do amor" (MARGATO, I. op. cit., p. 89).

[26] "Assim, o que anteriormente se pensou específico das mulheres, no próprio prolongamento significativo das histórias, passa a restringir-se aos personagens masculinos, negando uma caracterização uniforme também para este aspecto da obra" (Ibid., p, 90).

[27] "Atribuir a ela o papel de sujeito-amador em detrimento da sensibilidade masculina seria bastante forte numa sociedade onde o espaço da mulher era tão limitado (…). E Bernardim Ribeiro também não escapou dessa concepção de mundo: mesmo tentando alargar na literatura o estreito espaço da mulher (e sem dúvida o fez no início da narrativa), o que conseguiu foi recriar o limite dela no mundo, ainda que inconscientemente. É a vontade de transformar a mulher em sujeito-amador que se contrapõe a alguma coisa muito mais forte — pois que intrinsecamente social — que apresenta a mulher sempre como objeto do sujeito-amador homem. É a ideologia masculina vencendo, é a Menina e Moça desaparecendo no emaranhado de casos de amor — reflexos não de um amor feminino mas de uma vontade ingênua que desaparece com ela. É, ainda, a escritura sobrepujando o escritor e permitindo que a vontade individual seja dominada pela 'vontade' social" (Ibid., p. 90).

Margato toca no ponto essencial: a relação amorosa é, para Bernardim, intrinsecamente assimétrica, homem e mulher desempenhando sempre o mesmo papel um em face do outro, excluindo a reciprocidade do relacionamento. Julgo, no entanto, que a sua conclusão é precipitada, não tomando em consideração a carga semântica associada ao termo amor no meio intelectual em que se formou Bernardim e que não é a mesma que o termo transporta consigo na cultura atual. Efetivamente, o amor diz-se de muitas maneiras, não tem um sentido único e inalterável.

Nos *Diálogos de Amor*, de Leão Hebreu, cuja ambiência espiritual é, como vimos no capítulo anterior, a mesma de *Menina e Moça*, o amor é uma relação entre amante e amada. Amar é o movimento do amante tocado pela graça de sua amada: é esta que gera o amor no amante, o desejo de conversão no ser da amada. Se quisermos estabelecer uma hierarquia entre os dois termos, convém despirmo-nos dos nossos preconceitos dinamistas: o lado mais nobre e mais perfeito da relação pertence à amada, não ao amante. A concepção do fenômeno amoroso em termos de apropriação de um objeto por um sujeito é inteiramente desajustada para compreender o universo de *Menina e Moça*.

Não quer isto dizer que o amor como posse do objeto do desejo esteja ausente de *Menina e Moça*. Ele aparece aí em toda a sua rudeza, mas na margem do texto bernardiniano. Referindo-se aos amores de Avalor pela Senhora Deserdada, escreve o nosso autor que ela "nunca lhe lembrava senão porque desejava de a haver, e nunca cuidava nela senão de como a haveria" (*Menina*, p. 136). A Senhora Deserdada — em Bernardim o nome é sempre a marcação de uma identidade — é apenas objeto do desejo de Avalor, não tendo outro modo de existência ou de identidade na novela. Efetivamente, não é dela que se trata aqui, ela só vem ao caso como a contra-imagem de Arima, que inspira em Avalor um outro amor. Avalor experimentará a maior dificuldade em acertar, correspondendo ajustadamente a essa nova maneira de amor: porque é homem, educado para a vida mundana e para a ação, e porque vem de uma relação à maneira masculina.

Arima, a "menina senhora" do nosso livro, tem uma identidade plenamente determinada: ela é a figura perfeita da amada. Pela sua beleza, pelo seu caráter e pela sua maneira solícita e acolhedora, Arima é *o original ou o arquétipo da amada*. A sua função, que para isso lhe foi dada beleza, graça e mansidão, é gerar o amor no amante. O retrato que dela traça Bernardim é elucidativo: "Arima, que assim se chamava a menina senhora da Ama, neste meio tempo fez-se a mais formosa coisa do mundo. Sobretudo o que ela tinha estremadamente sobre todas, era-lhe natural uma honestidade que em muitas, feita ainda à mão, parece muito bem. A sua mansidão nos seus ditos e feitos não eram de coisa mortal. A sua fala, e o tom dela, soava doutra maneira que voz humana. Que vos hei-lhe de dizer? Senão que se ajuntavam ali todas as perfeições como que se não haviam de ajuntar mais nunca" (p. 129).

Avalor e Arima já tinham ouvido falar um do outro. O amor nasce no primeiro encontro, quando o tio de Arima, marido de Aónia e amigo de Avalor, os apresenta um ao outro. Avalor foi tocado pela imagem e pelo modo de presença de Arima: "Arima, que ia tão formosa como ela o era e para o que ela não cuidava, dizendo-lhe [a seu tio, que lhe recomenda que honre sempre Avalor] escassamente um 'sim', alevantou como de boa mente a estas palavras a vista escontra Avalor, à maneira de acrescentando desejo ao pedido, que muitas vezes ouvira já falar bem dele. E depois daí um pouco abaixou-os com aquele modo de mansidão que a ela só por dom especial foi dado, que conta-se que até no estar, andar, enfim, em todos os outros autos a tinha tão suavemente posta que bem parecia que naquele lugar estava só. Por onde aquilo e a maneira daquilo tudo assim como passara, ficou logo escrito na metade de alma, Avalor. Parece havia de ser, e foi" (p. 133).

Tão bom começo parece augurar um final feliz. Mas não vai ser assim. O modo do amor não é o mesmo em cada um deles: Arima ama com a inteireza do seu ser, o seu amor é a expressão de uma vontade internamente determinada, liberta de todo o tipo de constrangimentos, cujo movimento é espontâneo e natural. Como diz a donzela do sonho de Avalor: "sabe-te que Arima alta determinação possui na sua vontade" (p. 135). Os termos de Bernardim para caracterizar a amabilidade de Arima evocam por si sós toda uma atmosfera, uma ambiência de acolhimento e disponibilidade: "gasalhar", "gasalhosamente" (p. 136), "oferecimento", "acolhenças" (pp. 137-138) e, mais significativo de todos, "coração de pousada" (p. 139). Veja-se esta descrição inimitável: "E como ela o abrangeu bem com os olhos, veio a pôr-se cerca dele, recebendo-o com umas acolhenças como que o não vira dias havia" (p. 138).

Em face de uma personagem assim, tão naturalmente amável e acolhedora, o amor nasce irresistivelmente em todo aquele que está na disposição de amar, de como amante se dirigir para a beleza. Avalor é tomado pela mais viva paixão. Arima é todo o seu cuidado, que o leva a transportar-se e cair aparatosamente[28]. Mas este cavaleiro, educado para a vida cortesã e para a ação, não consegue despir-se dessa sua segunda natureza para se converter na amada, naquele modo tão natural de afeto, isento de todo o desejo do outro. É o desejo, com os extremos a que ele obriga — "que este desejo é o que obriga a cada um a fazer extremos" (p. 132) —, que origina o desacerto. Movido pela voz estranha de uma sua amiga, que lhe fala de alguma outra coisa, Avalor passa à ação, empreende o seu grande feito[29] e consuma, dessa maneira, o seu desacerto na relação com Arima. Após esse feito, Avalor e Arima afastam-se da corte: ela regressa a casa de seu pai, ele prossegue a demanda da sua amada.

---

[28] "Mas estando ele assim todo encostado a um canto, viu vir Arima. E, desacordando-se da força ou não podendo suportar a carga de seus olhos (grande, como dizem que ele disse depois), caiu. E como ele fosse mais alto de corpo do que havia então cabaleiro seu igual, deu tamanha queda que toda a sala abalou. (...) Que aquela senhora, como fosse amiga grande de Avalor e acostumasse sempre a festejá-lo com recados, lhe mandou então por um pajem a perguntar que lhe mandasse dizer de que tão alto caíra que tamanho estrondo fizera. Respondeu-lhe Avalor que do seu cuidado" (*Menina*, p. 142).

[29] "Contam que então se chegou ela à orelha de Avalor e o que lhe disse, ou não disse, não se soube então. Mas daí a poucos dias o que ele por isso fez, ouso eu dizer que não deve ser contado entre donzelas, por se não arrependerem de seus contentamentos ou, ao menos não haverem inveja destoutro" (Ibid., p. 146).

No seu percurso solitário, Avalor segue a via que lhe resta e que é a única adequada: a via saudosa da imagem de Arima excitada na sua fantasia. É no mais íntimo de si que se encontra o original da sua amada, que lhe proporciona o maior contentamento. Que não dura muito porque estando ele "nesta deleitosa imaginação, tornou ouvir outra voz com aquelas palavras doridas que dantes ouvira" (p. 151) e é arrastado para feitos, que a sua condição de cavaleiro o impede de recusar, e nos quais reconhecerá o tamanho excessivo da sua infelicidade.

De Arima não sabemos mais a não ser que, onde quer que esteja, ela transporta consigo a chama viva do amor: o grande segredo que habita a identidade feminina.

II
O Eu como humanidade singular em Montaigne

"o objetivo fundamental e a perfeição da obra reside em que ela é minha"[30].

"Os Ensaios descrevem uma experiência radical e fundadora: a da desigualdade, pela qual Montaigne se descobre outro do Ser e acolhe em si a alteridade como constitutiva do seu ser"[31].

1. De si a si mesmo

MONTAIGNE ASSUME-SE COMO UM HOMEM DE AÇÃO, não um filósofo: "não sou filósofo" (III, 9, 164). E, no entanto, o epíteto de filosófica é aquele que melhor assenta numa obra tão difícil de catalogar como os *Ensaios*. Demarcando-se do esforço vão de construir um sistema filosófico coerentemente ligado — "Isto não é a minha doutrina, é o meu estudo" (II, 6, 48) —, o autor reconhece à filosofia um papel insubstituível na formação do ser humano, na justa avaliação de si e dos costumes próprios

---

[30] Montaigne. *Essais* III, 5, 81. A indicação dos *Ensaios* de Montaigne será feita a partir da edição promovida pelas ed. Garnier-Flammarion, Paris, 1969, em três volumes correspondentes aos três livros que compõem a obra, mediante a indicação do volume, capítulo e página.
[31] le Lannou, Jean-Michel. "La déliaison secrète". *Revue Internationale de Philosophie*, nº 2, 1992, p. 190.

e alheios. Daí que seja ela "enquanto formadora dos juízos e dos costumes", a "lição principal" (I, 26, 212) do educando idealizado no cap. 26 do livro I, sobre a "Instituição das crianças". E, nessa mesma qualidade, a filosofia "tem o privilégio de se imiscuir em todo o lado" (ibid.). Sob este aspecto, concordo inteiramente com o intento de E. Faye de reabilitar Montaigne como filósofo, reconhecendo o contributo único que a sua obra representa para a filosofia[32].

A pergunta pelo valor do ser humano, evitando a presunção ilegítima a arvorar-se em senhor do universo e fundamento do saber[33], mas também a doença expressa na tendência para o auto-aniquilamento[34], é uma pergunta eminentemente filosófica. A preocupação consigo, com o justo valor do seu próprio ser, é solidária de um comprometimento forte com a verdade, que é o interesse mais genuinamente humano: "Efetivamente, nós nascemos para indagar a verdade; compete-nos possuí-la numa potência elevada" (III, 8, 142). Mentir é, pois, um "vício maldito" que desfigura inteiramente o ser do homem (I, 9, 73). A relação com a verdade não envolve, porém, apenas a razão em sentido estrito, ela afeta e compromete o homem todo. Nos termos do autor dos *Ensaios*, o amor da verdade é parte intrínseca, e a mais básica, dessa mesma verdade: "É a primeira e fundamental parte da virtude. É preciso amá-la por si mesma" (II, 17, 310)[35]. No plano individual ou coletivo, a

---

[32] Faye, Emmanuel. "La philosophie de l'homme de Montaigne et Charron face à la censure des théologiens". In: Demonet, Marie-Luce (Coord.). *Montaigne et la question de l'homme*. Paris, PUF, 1999, pp. 145-179.

[33] Referindo-se àqueles que exercem a filosofia como sua profissão, escreve o autor "... mas foram eles que nos ensinaram a tornar-nos juízes do mundo; é deles que recebemos a fantasia de que a razão humana é controladora geral de tudo o que está fora e dentro da abóbada celeste, que abarca tudo, que pode tudo, por meio da qual se sabe e conhece tudo" (II, 12, 206).

[34] "... a mais selvagem das nossas doenças consiste em desprezar o nosso ser" (III, 13, 322).

[35] O amor da verdade e a veneração do saber ligam-se à denúncia da ciência vã daqueles cuja formação livresca os afasta da compreensão de si: "Amo e honro o saber bem como aqueles que o possuem; e, no seu uso adequado, é a mais nobre e poderosa aquisição dos homens. Mas naqueles (e há um número infinito de pessoas desse gênero) que estabelecem sobre ele a sua fundamental suficiência e valor, que põem o entendimento ao serviço da memória, '*sub aliena umbra latentes*', e se limitam aos livros, nesses odeio

indiferença para com a verdade é o primeiro e seguro indício da corrupção dos costumes. "A exclusão (*bannissement*) da verdade é o primeiro traço da corrupção dos costumes" (II, 10, 327).

O amor da verdade é solidário de uma crítica implacável do dogmatismo na medida em que este tende a absolutizar o saber, anulando a parte de ignorância que ele transporta consigo. De fato, o vício do dogmatismo não reside na sua adesão à verdade, mas na deturpação que ele opera do verdadeiro, ao confiar cegamente na evidência subjetiva inerente à certeza e que, longe de ser um indício da verdade, é um sinal de loucura avançada: "A impressão de certeza é um certo indício (*tesmoignage*) de loucura e de incerteza extrema" (II, 12, 206). A fronteira entre saber e ignorância é interna ao próprio saber, que, enquanto subjetivo, contém uma parte da ignorância[36]. A crítica do dogmatismo assenta em que ele "nos impede de ignorar aquilo que ignoramos" (II, 12, 170). A alternativa proposta é "um Pirronismo sob uma forma resolutiva" (II, 12, 173), isto é, *um pirronismo entendido como operação de questionamento do saber em geral, incluindo o seu próprio saber*, e não uma doutrina. Uma filosofia que tome as suas distâncias em relação a si mesma, capaz de se rir dos seus próprios enunciados: "Um antigo a quem censuravam por fazer da filosofia a sua profissão, se bem que no seu juízo a não tomasse em grande conta, respondeu que isso é que era verdadeiramente filosofar" (II, 12, 177).

Todo o ofício de Montaigne consiste em viver, numa procura de plenitude: "O meu ofício e a minha arte consiste em viver" (II, 6, 49). A via adequada a essa procura é o estudo e mais precisamente a meditação, forma suprema do exame e aperfeiçoamento de si: "O meditar é um estudo po-

---

o saber, se ouso dizê-lo, um pouco mais do que a estupidez. No meu país e no meu tempo, a doutrina faz crescer muito as bolsas, raramente as almas" (III, 8, 142).

[36] "Pode dizer-se, com verossimilhança, que há ignorância abecedária, que vai à frente da ciência; e outra, doutoral, que vem depois da ciência: ignorância que a ciência produz e gera, do mesmo modo que ela desfaz e destrói a primeira" (I, 54, 370).

deroso e pleno para quem sabe sondar-se e aplicar-se vigorosamente: gosto mais de forjar a minha alma do que de a enfeitar" (III, 3, 35). O intento de Montaigne é, em larga medida, a regeneração da filosofia, que foi levada à degradação extrema por esses dialéticos que conhecem todo gênero de sutilezas, mas tornaram a filosofia um exercício inútil e enfadonho. Exemplo típico dessa degradação da filosofia são os "ergotistas"[37] "tristemente inúteis" (I, 26, 210), que apuram o engenho em disputas áridas que diminuem a vida em vez de a exaltarem. Ora, a função primordial da filosofia é a exaltação da vida. O exercício da sã filosofia cria uma atmosfera, uma ambiência própria em que o sentimento predominante é a *alegria*. A filosofia reforça o gosto e o sentido de viver: ela é mais um suplemento de vigor[38] e de sentido do que um tônico contra a adversidade.

Montaigne encarna um novo tipo, uma nova figura de filósofo, "um filósofo impremeditado e fortuito" (II, 12, 212), disposto a lidar com a desordem inerente a seu objeto, a seguir "longa e curiosamente" (II, 1, 10) o traçado do caminho que a experiência de uma vida plenamente vivida descreve. Esta nova filosofia apela a uma escrita singular, expressa num estilo "desordenado, sincopado, particular" (I, 40, 304) — se é que se pode chamar estilo a "um falar informe, sem regra, uma gíria popular e um proceder sem definição, sem partição, sem conclusão" (II, 17, 300) — e num modo especial de presença do autor à sua obra. Autor e obra são consubstanciais um ao outro, interpenetram-se, coproduzem-se, codeterminam-se. Montaigne afirma-o reiteradamente[39] e de um modo veemente: "Eu não fiz o meu livro mais do

---

[37] *Ergotista* é uma boa palavra, formada a partir da conjunção latina *ergo* (portanto), que Montaigne utiliza para designar aqueles que proferem *ergotismos* (I, 9, 208), isto é, raciocínios estéreis e falaciosos.

[38] "A alma que alberga a filosofia deve, pela sua saúde, tornar também o corpo são. Deve fazer brilhar no exterior o seu repouso e bem-estar, e por conseguinte armá-la com um orgulho gracioso, um porte ativo e alegre, e um modo de presença contente e debonário. A marca mais explícita da sabedoria é um gozo constante" (II, 12, 208-209).

[39] Entre outras ocorrências, veja-se III, 2, 21; III, 5, 90.

que ele me fez a mim, livro consubstancial ao seu autor, com uma ocupação própria, membro da minha vida; não com uma ocupação e fim terceiro e estranho como todos os outros livros" (II, 18, 326).

O estilo desordenado e prolixo da obra ajusta-se ao seu objeto, ao "movimento desigual, irregular e multiforme" (III, 3, 34) do fluir espontâneo da vida. Sem um plano coerente, o autor faz alinhar reflexões, descrições de costumes, episódios históricos, fenômenos insólitos, ditos espirituosos, compondo uma trama labiríntica, cujo fio é o curso vagabundo das suas cogitações: "Pinto especialmente as minhas cogitações, assunto informe" (II, 4, 50). *Cogitação é o nome adequado para a experiência de si enquanto dinamismo psíquico que se desenrola espontaneamente.* O eu não dirige os seus próprios acontecimentos, não é ele o seu autor. A passividade, no sentido de que o eu experiencia em si movimentos que não controla, é um dado originário: "há em nós uma série de movimentos que não partem da nossa iniciativa (*ordonnance*)" (II, 4, 46). A narrativa segue o movimento desencontrado dos passos de um eu que se constitui e evolve na distância a si mesmo: "Nós não estamos nunca em nós, estamos sempre longe de nós próprios" (I, 3, 47). com efeito, o eu não se apreende a modo de um objeto que se desdobra perante si mesmo enquanto sujeito: a manifestação mais genuína do eu não é a presença imediata a si, mas a agitação que anima o fluxo incontrolável dos seus estados: "Acontecem em mim mil agitações indiscretas e casuais" (II, 12, 231). *De mim ao eu vai uma distância que a apropriação reflexiva de si se revela incapaz de transpor*: "Eu não estou na minha posse e disposição. O acaso tem aí mais direito do que eu. Acontece-me também isto: eu não me encontro onde me procuro; e encontro-me mais por uma circunstância ocasional (*rencontre*) do que pela inquisição do meu juízo" (I, 10, 78). O modo casual de se encontrar consigo, podendo sempre falhar esse encontro, é uma dimensão inalienável do próprio eu: eu não me apreendo como e quando quero porque é o movimento fortuito do acontecer que manifesta o caráter único de uma experiência que é a verdadeira fisionomia do eu. *O eu acontece-me*: ele não pré-existe às suas experiências, é o próprio experienciar de si no acontecer.

A figura montaniana da subjetividade não é equiparável a uma filosofia da consciência: o eu e a consciência não coincidem. A opacidade das profundezas do eu resiste ao nosso olhar introspectivo: "É um empreendimento árduo, e muito mais do que parece, seguir um andamento tão vagabundo como o do nosso espírito, penetrar as profundezas opacas das suas dobras internas; escolher e fixar tantos ares miudinhos das suas agitações" (II, 4, 48). A consciência, não reificada, é no entanto uma via fundamental no itinerário pelo íntimo do eu. Tal como ela aflora no cap. 5 do livro II, a consciência não é uma coisa, nem sequer é um campo específico de fenômenos, ela é esforço, *esforço maravilhoso*, que nos revela os abismos de nós mesmos, uma parte sombria de nós próprios que temos dificuldade em reconhecer como nossa. A consciência não se instala na identidade imediata de si consigo, ela é fator de desunião interna. O olhar perscrutante da consciência revela-nos pensamentos, afetos, inclinações, propensões que habitualmente nos escapam: "Quão maravilhoso é o esforço da consciência! Ela faz-nos trair, acusar e combater a nós próprios e, na ausência de testemunho alheio, produz-nos contra nós" (II, 5, 37). *Ela produz-nos contra nós*, mediante o caminho inaugurado pela dissonância íntima que ela opera. É absolutamente notável esta proto-aparição moderna da consciência como poder de cisão interna do eu, e tanto mais notável quanto a consciência é, juntamente com o costume, a parte mais característica da nossa identidade, pela qual se marca efetivamente *como* somos. Esta parte, diz Montaigne referindo-se aos costumes e à consciência, é "a única que marca efetivamente quais somos (*quels nous sommes*)" (II, 30, 419).

A consciência não é transparência do eu. O modo de presença a si não tem nada de evidente nem de simples: "Não vi no mundo monstro e milagre mais peremptório (*exprès*) do que eu próprio" (III, 11, 240-241). O trato consigo próprio é experiência abissal de estranhamento, tanto ou mais que o trato com o outro: "Nós somos todos fragmentos e de uma contextura tão informe e diversa que cada peça, cada momento faz o seu jogo. E há tanta diferença entre nós e nós mesmos como entre nós e outrem" (II, 1, 11).

2. O homem sou eu

NA DESIGNAÇÃO DO TEMA DOS SEUS *ENSAIOS*, MONTAIGNE oscila entre dois termos: *homem* e *eu*. Em fórmulas distintas, afirma-se muito expressamente que o objeto da dobra é o eu: "Quero que me vejam na minha maneira simples, natural e ordinária, sem contenção e artifício: porque é a mim que eu pinto (...) Assim, leitor, eu próprio sou a matéria do meu livro" (I, Ao leitor, 35); "apresento-me a mim mesmo como argumento e tema" (II, 8, 56); "procuro apenas a ciência que trata do conhecimento de mim próprio" (II, 10, 79). O fato de que o eu seja toda a sua física e toda a sua metafísica[40], não inibe, porém, o autor de afirmar que o objeto do seu estudo — aliás extremamente enredado e complexo — é o homem: "Essas pessoas que se empoleiram escarranchadas no epiciclo de Mercúrio, que veem tão longe no céu, arrancam-me os dentes: porque no estudo que eu faço, cujo tema é o homem, encontrando uma tão extrema variedade de juízos, um tão profundo labirinto de dificuldades umas sobre as outras, tanta diversidade e incerteza na própria escola da sabedoria..." (II, 17, 298). Esta ambiguidade não resulta de uma qualquer indecisão metodológica, assinalando antes a riqueza do campo em que se desenrola o teatro do eu, inteiramente diverso do teatro cartesiano. *O homem é apreendido como um eu.* É essa a significação fundamental dos *Ensaios* na gênese da subjetividade moderna e o seu primeiro motivo de interesse para um leitor atual.

---

[40] "Estudo-me mais do que qualquer outro assunto. É a minha metafísica, é a minha física" (III, 13, 283).

A concepção do homem como um eu transporta a exigência de uma nova gramática filosófica, retirando pertinência à indagação do humano pelo prisma do conceito. Efetivamente, *o eu é sem conceito* no sentido de um universal do qual se subsume uma multiplicidade de indivíduos, cada um dos quais é uma particularização desse universal. A pergunta pelo homem na sua acepção genérica é solidária da concepção do singular como diferenciação de uma mesma humanidade. No procedimento de Montaigne, tal pergunta é destituída de sentido: o homem genericamente considerado é um 'tema vão, diverso e ondulante'" (I, 1, 41), que não tem qualquer interesse. Não é esse o objeto dos *Ensaios*, mas a humanidade tal como ela se revela no eu. O intento da obra é a comunicação de si por aquilo que encerra de universal: "Os autores comunicam-se ao povo por alguma marca particular e estranha (*estrangere*); eu, o primeiro, pelo meu ser universal, como Michel de Montaigne, não como gramático, ou poeta, ou jurisconsulto. Se as pessoas se lamentam de que eu fale demasiado de mim, eu lamento-me de que elas não pensem unicamente em si" (III, 2, 20-21). Eu exponho-me perante o leitor no meu ser universal significa que o faço em nome próprio e não sob alguma insígnia especial, um título, cargo, competência. Se bem interpreto, é esse o significado da asserção "Não são os meus gestos que escrevo, sou eu, é a minha essência" (II, 6, 50). A minha essência é a minha humanidade, a *humanidade como pertença do eu*, não o inverso, ao modo de um qualquer sujeito universal. A humanidade dá-se no eu que assume a sua "forma universal" (III, 5, 81). Não há a humanidade em si, tal como, por seu lado, o eu só o é enquanto figuração do humano. A natureza humana, cujo retrato se visa pintar (I, 26, 205), é diferença originária, a sua forma é singular: "cada homem traz consigo a forma inteira da condição humana" (III, 2, 20). A natureza humana não é uniforme, mas intrínseca e constitutivamente diversa: "Todos nós estamos insensivelmente nesse erro, o erro de julgar os outros pela nossa medida: erro de grande relevância e prejuízo. Mas quem se apresentar, como num quadro, esta grande imagem da nossa mãe natureza na sua inteira majestade; quem ler no seu rosto uma tão geral e constante variedade; quem observar dentro dela, não a si, mas todo um reino, como uma lança pontiaguda: esse e só ele avalia as coisas segundo a sua justa grandeza" (I, 26, 205).

Ao considerarem o homem genericamente, como algo em si, abstraindo da ação efetiva mediante a qual cada um de nós exerce a sua humanidade, os filósofos fazem do homem "uma coisa pública imaginária" (II, 12, 203). Demarcando-se deles, Montaigne defende a utilidade da história para mostrar a efetividade do acontecer humano: "Os Historiadores são a minha réplica direta: são agradáveis e fáceis; e simultaneamente o homem em geral, cujo conhecimento procuro, surge aí mais vivo e mais inteiro do que em qualquer outro lugar, a diversidade e verdade das suas condições em traços gerais e em particular, a variedade dos meios da sua reunião e dos acidentes que a ameaçam" (II, 10, 86). A história não é, como acabamos de ver, uma ciência de coisas mortas, de fatos irremediavelmente passados e inalteráveis, mas o relato de experiências genuínas. O interesse da história para a antropologia empreendida nos *Ensaios* não é "dizer os acontecimentos" reduzindo-os à sua dimensão de fatos, mas indagar a sua potência evenemencial enquanto forma "do que pode acontecer", da virtualidade inerente ao agir: "E quanto às diversas lições que as histórias têm frequentemente, eu tomo para meu uso aquela que é a mais rara e memorável. Há autores cuja finalidade é dizer os acontecimentos. A minha, se lograsse alcançá-la, seria dizer a respeito do que pode advir. Eu não procedo assim..." (I, 21, 151-152). Em vez de supor semelhanças forçadas, o que se intenta é evidenciar a diversidade, o mar imenso de possibilidades que se abrem ao homem que abraça a diversidade pelo seu valor intrínseco e pelo prazer que ele suscita: "A diversidade das maneiras de nação para nação toca-me pelo prazer da variedade" (III, 9, 198).

O que está em causa não é a simples aceitação do outro, numa atitude tolerante, mas o amor do outro na sua alteridade inalienável: "E amo-os e honro-os tanto mais quanto eles são diferentes de mim. Desejo singularmente que nos julguem cada um por si" (I, 37, 218). O outro toca-me pela sua singularidade, pela diferença que o constitui na sua unicidade.

Os *Ensaios* de Montaigne não encaixam na *episteme* típica do século XVI tal como Foucault a delineou: um jogo de semelhanças em que um mesmo Mundo se desdobra indefinidamente. Nas palavras de Foucault: "*Convenientia, aemulatio, analogia* e *simpatia* dizem-nos como o mundo se deve dobrar sobre si mesmo, duplicar-se, refletir-se ou encadear-se para que as coisas possam assemelhar-se, e dizem-nos os caminhos da similitude e por onde eles passam"[41]. Ao invés, para Montaigne, a natureza é assimilada a uma arte de proliferação da diferença: a diversidade é o princípio básico da produção de novas coisas"[42]. De igual modo, o eu não é a medida comum, o espelho no qual se reflete uma mesma humanidade: "Não tenho esse erro comum de julgar a respeito de um outro por aquilo que eu sou. Creio facilmente coisas diversas de mim. Por me sentir comprometido com uma forma, não obrigo o mundo a isso, como cada um faz; e creio e concebo mil maneiras contrárias de viver; e, ao invés do comum, recebo mais facilmente a diferença do que a semelhança em nós. Liberto tanto quanto se quer um outro ser das minhas condições e princípios, e *considero-o simplesmente em si mesmo, sem relação*, estocando-o sobre o seu próprio modelo" (I, 37, 281). O eu é indissociável do não-eu, que é a humanidade real na pessoa de qualquer outro. A escola de Montaigne, na qual ele faz a sua aprendizagem, é a da diversidade das coisas, a começar pelas coisas humanas. Longe de ser a reduplicação infinita do mesmo, a humanidade é intrínseca e originariamente dessemelhança: "O mundo não é senão variedade e dessemelhança" (II, 2, 12). Dizer eu é

---

[41] Foucault, Michel. *As palavras e as coisas. Uma arqueologia das ciências humanas*. Ramos Rosa, A. (trad.). Lisboa, ed. 70, 1988, p. 81.

[42] "A consequência que queremos tirar da semelhança dos acontecimentos não é sólida, na medida em que eles são sempre dessemelhantes: não há nenhuma qualidade tão universal nesta imagem das coisas como a diversidade e variedade (…). A dissimilitude intromete-se por si mesma nas nossas obras: nenhuma arte pode alcançar a similitude (…). A natureza obrigou-se a não fazer nenhuma outra coisa que não fosse dessemelhante" (III, 12, 274).

inscrever a diferença no coração do mundo: um eu egoistamente referido a si mesmo seria uma monstruosidade e um vazio total. A *relação com o outro é interna ao próprio eu*: "Não digo os outros senão para me dizer" (I, 26, 195).

A consideração do outro na sua alteridade irredutível é o espelho que melhor evidencia os traços fisionómicos do nosso eu: "Pintando-me através de outrem (*pour autruy*), pinto-me a mim mesmo com cores mais nítidas do que o eram as minhas primeiras" (II, 18, 326). Eu e outro dão-se juntos, o terreno em que ambos se desenvolvem é o mesmo: "Por, desde a infância, me ter afeiçoado a olhar a minha vida na de outrem, adquiri uma compleição estudiosa a esse respeito..." (III, 13, 287).

Ora, qual o modo através do qual o outro me aparece na sua fisionomia própria? Eu e o outro revelam-se sob uma mesma forma, o seu modo de aparição é o mesmo. O eu — o meu e o do outro — manifesta-se através de traços característicos, de um certo *ethos*. O costume é o revelador fundamental do nosso eu e a expressão mais notável e típica da humanidade. É ele o grande tema dos *Ensaios*, porque é ele que desenha o mapa característico da humanidade, delimitando fronteiras, marcando territórios, acentuando relevos, saliências, cursos mais notáveis do modo humano de presença. O costume é a forma humana na sua efetividade fundamentalmente típica. É ele que insensivelmente nos forma e modela o nosso ser: "É o costume que dá forma à nossa vida, como bem lhe apraz; ele pode tudo nesse domínio: é a poção mágica de Circe, que diversifica a nossa natureza a seu bel-prazer" (III, 13, 291). A par da consciência, ele é um componente fundamental da identidade do nosso eu: "O que falta ao meu costume, sustento que me falta a mim" (III, 10, 222).

Assim, o reconhecimento do outro faz-se pela mediação cultural, no terreno do costume. Eu reconheço o outro dando razão do seu modo particular de humanidade, dos seus usos e costumes. O que está em jogo não é apenas uma atitude de aceitação resignada do outro na sua diferença ou de simples tolerância, trata-se de algo mais positivo: de dar sentido, anulando a aparente estranheza que afeta comportamentos e atitudes alheios: "Cada uso tem a sua razão" (III, 9, 198). É esse o esforço extraordinário de Montaigne: dar significação a práticas estranhas ou mesmo aberrantes a um olhar exterior. O juízo acerca do canibalismo é paradigmático a este respeito. Qual a finalidade de uma prática aparentemente aberrante, que se nos apresenta como a barbárie em estado puro, a negação mais brutal da nossa comum humanidade? Que sentido e que valor pode atribuir-se a um ato tão diretamente ofensivo do respeito devido à pessoa do outro? Se é possível estabelecer uma linha divisória entre civilização e barbárie, ela não passa exatamente por aí, pelo assumir do imperativo universal que manda incondicionalmente respeitar a vida humana: Não matarás?

Demarcando-se da invocação do canibalismo como meio de legitimação da boa consciência europeia do seu tempo, Montaigne recusa-se a lançar o anátema sobre os canibais, reconhecendo a sua dignidade e o seu lugar na mansão comum da humanidade: "Logo, podemos chamá-los bárbaros com respeito às regras da razão, mas não com respeito a nós, que os ultrapassamos em todo o tipo de barbárie" (I, 31, 259). *Somos mais bárbaros do que eles*: tal é o verdadeiro incomodamente surpreendente do nosso autor, para quem o canibalismo é moralmente superior à crueldade absurda de uma Europa à mercê do fanatismo religioso mais primário: "Penso que há mais barbárie em comer um homem vivo do que em comê-lo morto, em dilacerar mediante tormentos e martírios um corpo ainda cheio de sentimento, queimá-lo meticulosamente, entregá-lo aos cães e porcos a fim de o morderem e matarem (como não só lemos mas vimos muito recentemente, não entre velhos inimigos, mas entre vizinhos e concidadãos, e, o que é pior, sob pretexto de piedade e religião), do que queimar e comer depois de ele ter falecido" (I, 31, 258). À total insensatez das guerras de religião que grassam na Europa do seu tempo contrapõe o autor a guerra nobre e generosa dos canibais: "A sua guerra é inteiramente nobre e generosa, e é tanto mais desculpável e bela quanto esta doença humana pode sê-lo; ela não tem outro fundamento entre eles que não a mera inveja da virtude" (I, 31, 259). A Europa cristã não é exemplar sob nenhum aspecto, os *Ensaios* desenham uma *nova cartografia do humano* em que a polaridade tradicional cristianismo/barbárie é substituída pela polaridade natureza/barbárie: bárbaro é o homem desnaturado[43].

A violência sobre o outro começa pela desatenção ao contexto histórico-cultural no qual se dá a sua vinda à existência e a formação do caráter. Do ponto de vista metodológico, *importa considerar o costume enquanto tal, como costume*, ao arrepio da tendência generalizada a assumi-lo dogmaticamente como se o nosso costume fosse a natureza do homem, relegando o insólito para o domínio da estranheza e do bizarro[44]. De fato, não há existência humana à margem do costume: é por via dele que se forma a nossa humanidade. É ele o nosso meio típico, a configuração do nosso modo peculiar de habitação do mundo. O costume é um dado universal, mas, por si mesmo, ele é expressão particular do humano: "Não há coisa em que o mundo seja tão diverso como em costumes e leis" (II, 12, 245). Se, fora do costume, não há verdadeira humanidade, é porque a singularidade é a forma da humanidade efetiva. Nos termos de Montaigne: "A sua [dos espíritos] qualidade mais universal é a diversidade" (II, 37, 448). A tendência para a homogeneização dos costumes, no quadro de uma cultura planetária, é uma via que não tem nada a ver com a universalidade do humano. Essa tendência, incipiente no século XVI, tornou-se uma tendência marcante da evolução posterior e cujo efeito principal é a *descaracterização* do humano num tópico fundamental da construção da identidade própria.

---

[43] A respeito da transformação semântica operada no conceito de barbárie, na segunda metade do século XVI, veja-se Crouzet, Denis, "*Sur le concept de barbarie au XVIe siècle*". In Autrand, F., Cazaurand, N., Follet, S. (eds.). *La conscience européenne au XVe et au XVIe siècle*. Paris, École Normale Supérieure, 1982, pp. 117-118.

[44] "Chamamos contra natura o que advém contra o costume; seja como for, nada existe que não seja conforme a natureza. Que esta razão universal e natural afaste de nós o erro e o espanto que a novidade provoca em nós" (II, 30, 374). Montaigne insiste nesta denúncia da assimilação entre o domínio do inusitado e o do impossível e irracional. Cf. I, 23, 162-164; I, 27, 228; I, 49, 351; II, 3, 30; II, 29, 372.

A tarefa do ser humano no esforço de realização e invenção de si como humanidade singular reside em *compor os nossos costumes*: "Compor os nossos costumes é o nosso ofício, não compor livros, e ganhar, não batalhas e províncias, mas a ordem e tranquilidade para a nossa conduta" (III, 13, 320). Trata-se de uma composição no sentido exato da palavra: reunião de fragmentos num todo. O traço comum que liga esses fragmentos é a sua pertença a uma mesma experiência. A descoberta de si, com tudo o que tem de surpreendente, situa-se justamente no plano da significação vivida dos seus costumes. Para dar um exemplo ao gosto de Montaigne, o simples fato do casamento não diz muito, já que a significação respectiva no plano da realização pessoal e afetiva é imensamente variável. Assim, compor os nossos costumes significa reunir seletivamente numa configuração única uma amálgama de modos de ser e agir. Com efeito, não somos nós que fazemos os costumes, eles são prévios à nossa instalação no mundo. A singularidade manifesta-se no modo como nos apropriamos deles enquanto *nossos* costumes, incorporando-os na nossa experiência subjetiva.

Elo de ligação entre o indivíduo e a comunidade, terreno comum ao eu e ao outro, o costume desempenha um papel imprescindível na construção da identidade pessoal: a tonalidade característica do mundo de cada um de nós depende em larga medida do modo como incorporamos na nossa vivência os costumes que constituem a nossa ambiência própria, o que se opera de um modo insensível (III, 13, 294).

3. A subjetividade do juízo

DIZER EU NÃO SIGNIFICA TRAÇAR UMA FRONTEIRA, delimitar uma esfera privada inacessível ao outro. Muito pelo contrário, dizer eu é expor-se em face dos outros, assumir a sua singularidade de uma maneira franca e aberta: "Estou fora e em evidência" (III, 58). Montaigne expõe-se e sente prazer nessa exposição[45]. Expor-se é, no entanto, *um dispositivo relacional*, um modo de responder ao outro que me interpela com o seu modo de estar e de se comportar. A franqueza do autor revela-se muito especialmente no plano do juízo, exprimindo abertamente as suas opiniões a respeito de tudo, incluindo domínios controversos como a sexualidade, a violência e a religião: "Digo livremente a minha opinião acerca de todas as coisas, inclusive daquelas que porventura ultrapassam a minha suficiência, e de modo nenhum defendo serem da minha jurisdição. O que eu opino a seu respeito é também para declarar a medida da minha visão, e não a medida das coisas" (II, 10, 80).

O juízo faz a ligação entre a nossa consciência e os nossos costumes, é primacialmente aí que transparece o lado mais intrínseco e genuíno do nosso eu e, complementarmente, o juízo é a instância pela qual se opera o reconhecimento do outro, manifestando a qualidade humana do seu modo peculiar de existência. Assim, *mais do que uma obra confessional e autobiográfica, os Ensaios são exercícios de julgar.*

O juízo é uma função universal, que se encontra em todo o homem, independentemente da sua qualificação científica ou intelectual (I, 50, 357). Ele é o exercício daquele *senso (sens)* tão admiravelmente repartido que ninguém se queixa da parte que lhe coube[46]. Trata-se de um bem comum, mas

---

[45] "Há naturais particulares, retirados e internos. A minha forma essencial é própria para a comunicação e para a produção; estou todo fora e em evidência, nascido para a sociedade e a amizade. A solidão de que eu gosto e que eu aconselho consiste principalmente tão-só em reconduzir a mim as minhas afecções e pensamentos, restringir e limitar não os meus passos mas os meus desejos e o meu cuidado, resignando a solicitação exterior e evitando mortalmente a servidão e a obrigação, e não tanto a multidão dos homens como a das ocupações. A solidão local, a bem dizer, antes me difunde e expande para fora; lanço-me aos assuntos de estado e ao universo mais aprazivelmente quando estou só. No Louvre e entre a multidão, fecho-me e comprimo-me na minha pele; a multidão impele-me para mim, e não falo nunca tão louca, licenciosa e particularmente como nos lugares de respeito e de prudência criminosa" (III, 3, 38-39).

[46] "Diz-se comumente que a partilha mais justa que a natureza possa ter feito das suas graças foi a do senso: porque não há ninguém que se não contente com a parte que lhe foi distribuída" (II, 17, 319).

que se exerce muito diversamente de homem para homem. Nos termos de E. Baillou, o juízo é sempre "local e contingente"[47]. Diferentemente da ciência, cujos procedimentos métodicos garantem a eficácia do seu empreendimento, *não há um cânone, uma regra universal do juízo.*

Julgar significa considerar o lado humano, a qualidade humana das ações e costumes. Isso exige um esforço de se colocar no lugar do outro, assumir os seus gestos e atos como passíveis de significação para mim como fazendo parte do campo subjetivo do meu eu, o que só pode ser feito situando o material sobre o qual incide o juízo no contexto vivido do seu sujeito. O juízo é atribuição de valor, não uma apreciação neutra e objetiva: não há neutralidade do juízo porque este exprime o meu modo de implicação nas coisas.

Ciência e juízo são dois regimes de inteligibilidade distintos, que podem existir separadamente: "A ciência e a verdade podem habitar em nós sem juízo, e o juízo também pode aí estar sem elas" (II, 10, 79). A ciência não prepara o juízo e, inversamente. A sua mútua heterogeneidade revela-se nos procedimentos respectivos. A ciência opera discursivamente, o juízo de um modo intuitivo, por sentimento: "Julgo apenas por sentimento verdadeiro, não por discurso" (III, 13, 306).

A relação entre ciência e juízo é assimétrica: a ciência não pode aplicar-se ao juízo, este é absolutamente refratário ao conceito porquanto o modo de julgar é o lado mais irredutivelmente subjetivo do nosso eu, decorrente do nosso modo de implicação nas coisas. *Não há uma ciência da subjetividade.* Por seu lado, o juízo tem aplicação universal, exercendo-se igualmente sobre a ciência, não para validar ou infirmar a sua verdade, mas para apurar a sua significação, avaliar a motivação que incita o homem a dedicar-se a ela, indagar a finalidade para que tende, determinar a limitação inerente à sua

---

[47] Baillou, Emmanuelle. "Une critique du jugement". In: *Revue internationale de Philosophie*, nº 2, 1992, p. 152.

focagem do real⁴⁸. O modo de construção da ciência e de relação do homem com o saber entra no âmbito do juízo. A autonomia da ciência não a isenta do juízo. Por exemplo, o juízo sobre a medicina não exige um conhecimento específico das matérias médicas, mas uma apreciação do valor do ato médico⁴⁹. Não há uma ciência do juízo, ele é uma arte que se aprende e aperfeiçoa pelo exercício, aquele mesmo pelo qual se compõe o nosso eu. O apuramento do juízo é a finalidade essencial da educação: "A sua instituição, o seu trabalho e o seu estudo visa essencialmente formá-lo o juízo" (I, 26, 199). O interesse pedagógico das histórias — muito relevante para Montaigne — reside na sua capacidade de estimular o exercício do juízo em virtude de que elas apelam à diversidade de apreciações, manifestando as preferências e motivações subjetivas: "Que se lhes não ensine tanto as histórias como a julgar a seu respeito. Na minha opinião, é essa a matéria, dentre todas, a que os espíritos se aplicam segundo um padrão mais diverso (*de plus diverse mesure*)" (I, 26, 204).

O afeto pertence ao núcleo fundamental da racionalidade incrustada no juízo. A confissão "Dou grande autoridade aos meus desejos e propensões" (III, 13, 296) reveste-se de uma significação forte. Com efeito, a ciência, regulada

---

⁴⁸ Como é dito no início da *Apologia de Raimundo Sabunde* (II, 12, 105), este ensaio incide sobre a questão do valor e dos limites da ciência.

⁴⁹ Neste domínio, Montaigne assume expressamente a sua "dispatia natural" para com a arte médica e a desconfiança que lhe merece a instituição médica: "Em primeiro lugar, a experiência leva-me a temê-lo; com efeito, tanto quanto sei, não vejo raça de pessoas que fique doente tão depressa e leve tanto tempo a curar-se como aquela que está sob a jurisdição da medicina. A sua própria saúde é alterada e corrompida pelo constrangimento dos regimes. Os médicos não se contentam em governar a doença, eles tornam a saúde doente, para salvaguardar que se não possa em nenhuma circunstância escapar à sua autoridade. De uma saúde constante e total, eles não tiram o argumento de uma grande doença futura? Estive doente muitíssimas vezes; sem a sua ajuda, achei as minhas doenças tão doces de suportar (e experimentei quase todos os tipos de doenças) e tão curtas como nenhum outro; e, além disso, não misturei nelas o sabor amargo das suas prescrições. A saúde, tenho-a livre e total, sem regra e sem outra disciplina que a do meu costume e do meu prazer. Todos os lugares são bons para eu ficar, porque não preciso, quando doente, de outras comodidades do que aquelas de que preciso quando estou são. Não me aflijo (*passione*) de estar sem médico, sem boticário e sem cuidados; vejo a maior parte mais aflitos com isso do que com o mal" (II, 37, 428).

por critérios de estrita racionalidade, não é mobilizadora da ação, não gera predisposições a agir, não inclina o espírito numa ou noutra direção. *A gênese da ação radica na passividade do sentir*, é aí, na tensão íntima das inclinações que habitam o nosso eu, que se manifesta a tendência e, consequentemente, a passagem ao ato. Passividade porque essas inclinações se formam em nós "sem o nosso conhecimento e consentimento", elas podem acontecer imperceptivelmente em nós" (III, 13, 296). Daí a importância da dimensão afetiva na pedagogia montaniana: "Para regressar ao meu objetivo, não há nada como estimular o apetite e a afeição, caso contrário limitamo-nos a fazer burros carregados de livros. Damos-lhes a guardar, à chicotada, a algibeira cheia de ciência, a qual, para fazer bem, não basta alojar em si, é preciso desposá-la" (I 26, 225). Sem descurar a componente científica, a escola dirigida à realização plena do humano deve incidir primacialmente no plano dos "costumes" e do "entendimento" (I, 26, 197-198), isto é, de uma racionalidade que foca a ação pelo prisma do valor.

O estudo de si empreendido nos *Ensaios* visa a realização plena do eu: "A minha arte e a minha indústria foram empregues para me fazer valer a mim mesmo; os meus estudos para me ensinar a fazer, não a escrever. Pus todos os meus esforços em formar a minha vida. Tal é o meu ofício e a minha obra" (II, 37, 446). *Fazer-se valer* significa a afirmação do seu valor próprio, não em face do outro, visando sobrepor-se-lhe, mas na procura de uma maior perfeição do agir. A atitude justa para consigo é a de uma exigência intelectual e ética, culminando num amor de si[50], que não é complacência imediata, mas cuidado: "Por mim próprio sou, não melancólico, mas cuidadoso (*songereux*)" (I, 133). Cuidar, que Montaigne exprime pelo termo entretanto caído em desuso *cuider*, é uma disposição cuja função é equiparada à do *daimon* so-

---

[50] "É preciso soltar essas obrigações tão prementes e não amar isto e aquilo, mas não desposar mais nada do que si mesmo (*n'epouser rien que soy*)" (I, 39, 293).

crático, um voz divinamente superior que fala no nosso íntimo[51]. Cuidado é a cogitação focada no ponto de confluência entre ação e afeto. É ele o traço fisionômico saliente do eu tal como Montaigne o pinta, estando-lhe associados outros traços marcantes como sejam a "compleição estudiosa" e uma vigilância amorosa.

4. Conclusão

A AUTOCOMPREENSÃO DE SI QUE MOBILIZA O ESFORÇO de Montaigne nos seus *Ensaios* institui um *novo estilo filosófico* no sentido forte que Granger dá a esse termo[52]. Com efeito, o exercício do juízo visando enaltecer a dignidade do ser humano insere-se no âmbito de uma razão que não tem o pleno controle de si mesma, que vagueia casualmente ao sabor dos movimentos tumultuosos que a agitam: "Digo mais: que a nossa própria sabedoria e deliberação segue na sua maior parte a conduta do acaso. A minha vontade e o meu discurso move-se ora para um lado ora para outro, e muitos desses movimentos governam-se sem mim. A minha razão tem impulsos e agitações instáveis (*journalières*) e casuais" (III, 8, 149). A ordem do pensar não é de tipo geométrico, organizando os pensamentos segundo uma coerência lógico-sistemática, mas segundo os *impulsos de uma vida pensante de que o eu é a manifestação típica e fulgurante*.

    O eu é a humanidade na sua forma plena e universal. Isso não significa, porém, que o eu seja uma versão do *homo mensura*, em voga na antropologia

---

[51] A aproximação entre cuidar (*cuider*) e o daimon socrático é feita por Montaigne (II, 12, 164).

[52] Nos termos de Granger, o estilo não se situa à superfície do texto enquanto expressão de idiossincrasias individuais, mas na profundeza da significação latente do discurso, consistindo num modo específico de operação: "Por oposição à estruturação *manifesta e temática* operada pela ciência sobre os seus conteúdos, o estilo é essa estruturação *latente e vivida* da própria atividade científica, enquanto ela constitui um aspecto da prática" (Granger, Gilles Gaston. *Essai d'une philosophie du style*. Paris, A. Colin, 1968, p. 16).

do Renascimento. Montaigne é um crítico assumido da pretensão ilusória do sujeito a erigir-se em fundamento e critério universal. O eu não é soberano, nem sequer a respeito de si mesmo, da sua vontade e razão. *O amor de si*, tão cultivado nos *Ensaios, não combina bem com a idolatria do eu.*

III
Tu – O primado da relação na arte médica segundo Francisco Sanches

> "A ti cabe agora julgar acerca disto: aquilo que te parecer bom, acolhendo cordialmente, e não rasgues hostilmente o que te parecer mau, pois seria ímpio bater em quem tenta ser útil. Aplica a tua inteligência. Se alguma coisa sabes, ensina-me: muito agradecido te ficarei."[53]

1. Apresentação

O CETICISMO É FREQUENTEMENTE OLHADO DE UM MODO sobranceiro, como se se tratasse de um desvio da boa norma filosófica, uma espécie de bizarria da razão. Será mesmo assim? Sem dúvida que a pretensão de verdade é inerente ao exercício da razão, o próprio ceticismo não prescinde de uma argumentação muito forte em favor das suas teses. Efetivamente, a relação com a verdade pode assumir formas díspares, que não exclusivamente a sua apropriação pelo sujeito. "Agitar a verdade" (p. 65), à maneira cética, é um bom estilo de pensar, que, muito longe de desnaturar a razão, se revela como uma terapia indispensável ao desenvolvimento da racionalidade, impe-

---

[53] Sanches, F. *Que nada se sabe*, in Idem, *Obra Filosófica*, Lisboa, IN-CM, 1999, p. 147. Esta obra será referida como QNS.

dindo-a de se instalar em ideias feitas e de se enredar num circuito fechado. É o que procurarei mostrar ao longo do trabalho.

Francisco Sanches (1550-1621), uma das figuras marcantes do pensamento médico-filosófico renascentista, é um exemplo da fecundidade do ceticismo. A sua obra emblemática, *Que nada se sabe* (*Quod nihil scitur*), de 1581, procede a um questionamento radical do modelo tradicional de saber, ao mesmo tempo que desenvolve um esforço notável de fundação da arte médica, isto é, da medicina na sua dimensão prática.

O que se me afigura verdadeiramente admirável é o acento posto na relação médico-doente. Na abordagem de Sanches, o médico encontra-se em face de um ser individual que é afetado de uma maneira única por determinada afecção, a vivência da qual faz parte intrínseca da doença. Trata-se de um *fenômeno humano total*, que põe em jogo não só a parte afetada, mas a totalidade do eu que a experiencia. Por conseguinte, a arte médica realiza o encontro entre duas subjetividades irredutíveis. Em tom muito vigoroso, o Médico-Filósofo demarca-se da tendência a objetivar o corpo afetado e, por via dele, o próprio doente. Ao proceder assim, o autor situa-se na contracorrente da orientação predominante na sua posteridade imediata, em que se dá a emergência do paradigma mecanicista. QNS revela, pois, uma enorme frescura e atualidade, interpelando o olhar distanciado e objetivador que ainda persiste numa franja significativa dos clínicos que nos assistem.

2. Duvida comigo

A DÚVIDA É UM REQUISITO DA INVESTIGAÇÃO, JÁ QUE A procura de algo novo envolve o questionamento de ideias feitas sobre a temática em causa. De fato, o progresso ou a inovação não se faz apenas por acumulação, mas também por crítica e reformulação do saber estabelecido. Aquilo que, sob este aspecto, distingue o ceticismo é o caráter sistemático da dúvida, instituindo-a como o operador básico do labor científico. Na *Carta ao leitor*, Sanches começa por justificar a necessidade da dúvida para todo aquele que quer verdadeiramente satisfazer o desejo de saber. De fato, segundo o autor, o saber transmitido pela Escola e pela tradição revelava-se incerto: "Passava em revista as afirmações dos passados, sondava o sentir dos vivos: respondiam o mesmo; nada, porém, que me satisfizesse. Algumas sombras de verdade, confesso, me entremostravam alguns; mas não encontrei uma só que com sinceridade e de uma maneira absoluta dissesse o que das coisas devíamos julgar"[54]. Em face de um panorama tão sombrio, o nosso Bracarense não se acomoda e procede a um questionamento radical dos princípios basilares da ciência: "Levava as minhas investigações até aos primeiros princípios. Iniciando aí as minhas reflexões, quanto mais penso, mais duvido: nada posso compreender bem. Desespero. No entanto, persisto" (*Ibidem*).

Em Sanches — como, de resto, nos céticos em geral — a dúvida não é propriamente um estado de espírito, mas uma operação para a qual ele convida o leitor: "duvida agora comigo: exercitemos juntos o engenho" (p. 64). A questão que ocorre é se esse convite tem um alcance meramente retórico, visando suscitar no auditório uma disposição favorável, algum modo de afinidade, ou se tem um sentido mais forte e genuíno, de um exercício a desenvolver em conjunto. Muito explicitamente: o outro vai ou não acompanhar o desenrolar de QNS? Ele está no cerne da inteligibilidade da obra ou é um elemento extrínseco?

A questão é tanto mais pertinente quanto o autor se vira para dentro de si mesmo como única via ajustada da investigação, o seu verdadeiro método: "Voltei-me então para mim próprio; e pondo tudo em dúvida como se até então nada se tivesse dito, comecei a examinar as próprias coisas: é esse o verdadeiro meio do saber" (*Ibidem*). As dificuldades inerentes à via escolhida saltam à vista: como abrir a subjetividade ao outro e às coisas? De fato, a

---

[54] QNS, p. 63.

natureza da subjetividade é intrinsecamente problemática: trata-se de uma abertura ao exterior ou de uma interioridade fechada sobre si mesma? Há, em Sanches, uma comunidade subjetiva ou estamos perante um individualismo fragmentário, que dissolve o vínculo comunitário? Na interpretação que proponho, Sanches teve a percepção aguda de que o eu se constitui no interior da relação com o outro. Será essa a *hipótese orientadora do trabalho*: o *eu é despertado para si mesmo pela presença interpeladora de um tu.*

3. Cogita

A ARTICULAÇÃO ENTRE FILOSOFIA E MEDICINA É CRUCIAL no desenvolvimento de QNS: "o caminho irei buscá-lo à arte médica, de que sou professor: da especulação filosófica vêm os seus princípios" (p. 66). QNS fornece-nos a reflexão de um filósofo sobre os fundamentos da arte médica. Convém ter presente que é esse o ponto de focagem da obra, se bem que o seu alcance seja mais vasto.

A pergunta que, desde logo, mobiliza o esforço do autor é esta: "o que se deve entender por ciência"? Tendo como modelo Sócrates, qualificado como "homem sábio e justo" (p. 74), o autor questiona a concepção aristotélica de ciência que vigorava no seu tempo, designadamente entre os médicos, não deixando de, oportunamente, fazer um reparo crítico sobre a reminiscência platónica, que caricaturiza[55].

No seu estilo insuperavelmente incisivo, o Médico-Filósofo manifesta o seu apreço pela obra de Aristóteles, acusa a tradição aristotélica de se limitar a glosar o Mestre, esquecendo-se de interrogar a natureza e indica

---

[55] Visando a teoria platônica segundo a qual saber é recordar, escreve: "Para mim, não há dúvida de que até os cães se recordam, pois não há muito que eu propositadamente bati num, que depois disso ladra todas as vezes que me vê, lembrando-se certamente das pancadas; mas quem dirá que os cães sabem?" (p. 81).

a noção aristotélica de ciência, entendida como uma competência que se adquire através do exercício da demonstração: "Que nos diz a esse respeito Aristóteles? Como Aristóteles foi um sutilíssimo investigador da Natureza, e é seguido pela maior parte dos filósofos, em vez de analisarmos as opiniões de todos, basta-nos examinar a dele: lutar contra todos era entregarmo-nos a um trabalho infindável e afastarmo-nos da Natureza, como eles fazem. Ora o que diz ele? Diz que a ciência é o hábito adquirido por meio de demonstração" (p. 70).

A crítica é a de que esta concepção é um jogo de palavras que não diz nada: "Não compreendo. Acho péssima essa definição: é definir uma coisa obscura por outra mais obscura ainda. Assim enganam os homens" (70). Segue-se a desmontagem das sutilezas lógico-retóricas da escolástica aristotélica, que induzem em erros e falácias.

QNS é uma obra demolidora. O seu interesse, porém, não está tanto na crítica do paradigma aristotélico-escolástico de ciência, mas na originalidade da proposta aí apresentada. Não obstante a ciência versar sobre o indivíduo e não o ser em geral, ela é una do ponto de vista dos seus procedimentos. Na formulação do autor: "Uma ciência basta a todo o mundo, e a ela não lhe basta o mundo todo" (p. 78).

O que é, então, a ciência? Não "um amontoado de conclusões", mas percepção ou sentimento dos fenômenos que ocorrem no interior de cada um. Na linguagem sanchesina: "a ciência nada mais é que uma visão interna" (*Ibidem*). Visão interna, isto é, percepção ou sentimento de si e dos seus próprios estados: "em ti próprio podes experimentar (*experire*)" (p. 79). De fato, esse é o reduto que melhor resiste à dúvida: não uma ideia, por muito luminosa que seja, mas a operação em que, sob o modo da ação ou da paixão, eu estou envolvido. Ora, a primeira e mais imediata das nossas ações e onde passividade e atividade se combinam admiravelmente é o pensar. Assim, depois de afirmar a superioridade do conhecimento empírico (experiência externa) sobre o conhecimento lógico-discursivo, pergunta Sanches: "Ora pela sensação conhecer-se-á perfeitamente alguma coisa?". A resposta é elucidativa: "De modo algum, pois uma coisa que se deve conhecer com perfeição não deve ser conhecida por intermédio doutra, mas deve o próprio cognoscente conhecê-la imediatamente por si mesma" (p. 114). Em termos muito explícitos, pode ser conhecido de um modo imediato tudo aquilo que é objeto de experiência interna: "todas as coisas internas, com a própria inteligência, que todavia são feitas, ou existem sem o auxílio dela, como a vontade, a memória, o apetite, a ira, o medo, e as outras paixões, e qualquer outra coisa que seja interna, e que, pela própria inteligência, é conhecida imediatamente *per se*" (p. 112).

A experiência imediata de si é única e intransmissível naquilo que faz dela uma experiência própria e, no entanto, ela é também um modo de abertura ao outro e comunicação com ele: a expressão facial e gestual bem como a expressão verbal não são a tradução de um sentimento que lhe preexiste de algum modo, mas são parte intrínseca do modo como as experiencio. Não há emoção pura, independente da sua expressão, esta faz parte da própria emoção, que tem na expressividade uma das suas características fundamentais.

Do ponto de vista metodológico, qual o procedimento mais ajustado à elaboração de uma ciência dos fenómenos internos do eu: descrever os seus próprios estados, de certo modo objetivando-os e pondo-os à consideração do outro? Não é essa a via seguida pelo nosso Filósofo-Médico, que, em vez de afirmar a suficiência de um eu, apela à subjetividade do outro: "O que resta? O remédio extremo: pensa tu próprio em ti (*tu tibi ipse cogita*)" (p. 86). A relação com o outro é constitutiva do meu eu: tu e eu dão-se um pelo outro. O dado primordial é a sua copertença originária, no seio de uma comunidade intersubjetiva.

4. Como te sentes?

A CONCEPÇÃO DE CIÊNCIA COMO PERCEPÇÃO DE SI NO quadro de uma relação dialógica, centrada no ponto de vista do outro, elucida o sentido da arte médica e, especificamente, o modo de relação entre médico e doente. Na formulação de Sanches, o médico é um artista do sentir (*sensualis artifex*), que não se coloca na posição de observador neutro do órgão ou parte corporal afetada, prestando atenção à singularidade do outro como unidade. Com efeito, é o todo psicossomático que respira, se move, sente, pensa e quer: "Tudo aquilo que um animal faz ou sofre, como composto o faz ou sofre, não sendo só esta parte que age ou sofre. Logo, a saúde e as doenças são do animal todo, ainda que a sua origem proceda ora da alma ora do corpo. Por isso, a ira e a inveja são paixões do animal inteiro, e não da alma, como alguns disseram"[56].

Na esteira de Hipócrates, o primeiro critério no exercício da arte médica exprime-se pela pergunta matricial: "Como te sentes?"[57]. A atitude do médico é sentir com o doente: "Houve alguns médicos que afirmaram que o médico, para ser perfeito, devia sofrer todas as doenças, pois só assim poderia formar delas um juízo exato; e essa opinião não se pode considerar inteiramente tola, embora nesse caso fosse preferível não ser médico. Efetivamente como é que há-de formar um juízo exato acerca da dor aquele a quem nunca doeu nada? Diagnosticamos e curamos melhor nos outros as dores e as doenças que experimentamos em nós mesmos. Como é que um cego, ou um sujeito de vista defeituosa, há-de proferir uma sentença justa acerca das cores, ou um sujeito meio surdo acerca dos sons, ou um paralítico acerca das qualidades táteis?" (p. 124). Será exagerado pretender que o bom médico deveria sofrer todas as doenças, o que, em qualquer caso, deve realçar-se é que a dimensão afetiva é parte intrínseca do cuidado médico.

---

[56] Sanches, F. *Comentário ao livro de Aristóteles* Da Longevidade e da Brevidade da Vida, in Idem, *Obra Filosófica*, IN-CM, 1999, p. 232.
[57] Acerca deste tópico, *vide* Marques, M. S. *A Medicina enquanto Ciência do Indivíduo*. Tese de doutoramento. Lisboa, Faculdade de Medicina, 2002, pp. 213-215.

IV
Psicologia moral em Descartes

> "E porque as paixões do corpo são as menores, pode dizer-se em geral que, sem elas, há meios para alcançar a felicidade. Contudo, de modo nenhum sou de opinião que se deva inteiramente desprezá-las, nem que devamos isentar-nos de ter paixões; basta torná-las submissas à razão e, uma vez assim aprisionadas, são por vezes tanto mais úteis quanto mais elas tendem para o excesso."[58]

1. Afeto e determinação da vontade

DESCARTES RECONHECE A SUPERIORIDADE DA MORAL enquanto expressão culminante da sabedoria na medida em que ela regula o funcionamento da mais alta faculdade humana, que nos torna partícipes do infinito — a vontade[59].

---

[58] *Carta à princesa Elisabeth*, 1. 09. 1645.
[59] "Só há a vontade ou o livre arbítrio que eu sinto (*experior*) ser tão grande em mim que não concebo a ideia de qualquer coisa maior, de modo que é principalmente por ela que compreendo que trago em mim uma certa imagem e semelhança de Deus." (DESCARTES, *Meditações sobre a filosofia primeira*, introdução, tradução e notas por Gustavo de Fraga, Coimbra, Livraria Almedina, 1985, p. 171). Nas citações das *Meditações*, seguirei o texto desta edição, facilmente acessível ao leitor, corrigindo a tradução sempre que a fidelidade ao sentido do original o justifique. Com efeito, sendo genericamente correta, a tradução de Gustavo de Fraga contém imprecisões e incorreções que alteram o sentido, por exemplo, quando traduz *vim volendi* (força ou potência de querer) por "vontade de poder" (p. 173). Nos casos em que haja correções à referida tradução, será incluído entre parênteses o original latino

A moral coroa o saber humano, eleva o espírito ao seu máximo de perfeição, mas o seu estatuto científico é problemático: sob que forma é que a moral deriva da física e da metafísica? Uma moral coerentemente articulada liga-se a essa *física especial* que é delineada nas *Paixões da Alma*: não uma física geométrica, mas uma "física" dos afetos e estados fisiológicos correspondentes. *A questão central que a elaboração da moral coloca transforma-se, pois, nesta: há ou não continuidade entre psicologia e moral?* Como se articula a determinação da vontade com as inclinações que a alma experimenta em si mesma? A moral subentende algum tipo de passividade ou é ato puro?

A continuidade entre psicologia e moral é um tópico insuficientemente esclarecido pelos comentadores da obra cartesiana. Um extenso artigo de D. Kambouchner defronta-se com dificuldades que se mantêm em aberto e que, a meu ver, decorrem da insuficiência da tese orientadora desse artigo: a tese de que a indiferença é o estado normal da vontade[60], que, portanto, se determina independentemente das inclinações que espontaneamente lhe advêm.

A abordagem tipicamente cartesiana é aquela que se encontra na 4ª Meditação e nas 6ªs Respostas, que é retomada, sem correções assinaláveis[61], nas Cartas ao Pe. Mesland e se mantém operativa nas *Paixões da Alma*: a vontade determina-se por motivos e razões que a inclinam mais para um lado do que para outro. *A inclinação aumenta a potência da vontade e a liberdade do sujeito moral.* Há uma escala da liberdade e da força da vontade, que vai

---

[60] "Pelo contrário, é a indiferença, como estado em que ainda estou incerto da verdade ou da bondade e, portanto, da minha determinação para escolher tal ou tal das coisas que me represento, que constitui o estado ordinário da vontade." (KAMBOUCHNER, D. "La liberté chez Descartes et la psychologie" in J.L. VIEILLARD-BARON, *Autour de Descartes. Le dualisme de l'âme et du corps*, Paris, Vrin, 1991, p. 106).

[61] Como o leitor verificará nas citações das notas 4 e 5 *infra*, o confronto entre o texto das *Meditações* e o dos *Princípios* e das Cartas ao Pe Mesland, de modo algum aponta no sentido da interpretação de Kambouchner no artigo referido: "Ora, é precisamente esta negação do caráter essencial e constitutivo da indiferença na liberdade humana — liberdade assim virtualmente dissociada de toda a faculdade de opção ou poder de escolha — que os *Princípios* e depois as cartas a Mesland se encarregaram de corrigir." (*Art. cit.*, p. 105).

do grau mais baixo, a indiferença ou ausência total de motivação[62], ao grau supremo, a plena determinação da vontade, expressa na disposição infalível para tal ou tal ato. A exemplaridade de Cristo na sua condição humana residiu em que ele agiu sempre "infalivelmente e sem nenhuma indiferença"[63].

Logo após afirmar a eminência da vontade, na 4ª Meditação, Descartes explica em que consiste e qual o seu modo de efetividade: "Com efeito, ela [vontade, *voluntas*] consiste apenas em que podemos fazer ou não fazer uma coisa (isto é, afirmar ou negar, seguir ou evitar), ou melhor, apenas em que para afirmar ou negar, seguir ou evitar, aquilo que o entendimento nos propõe, nos comportamos de modo a não nos sentirmos determinados a isso por nenhuma força exterior. Porque não é preciso, para que eu seja livre, que me possa inclinar para cada um dos lados (*in utramque partem*), mas, ao contrário, quanto mais propendo para um, ou porque conheço com evidência que nele se encontram o verdadeiro e o bem, ou porque Deus dispõe assim o íntimo do meu pensamento, tanto mais livremente o escolho. E, de fato,

---

[62] "Mas aquela indiferença que experimento, quando nenhuma razão me impele mais para uma parte do que para a outra, é o grau ínfimo da liberdade e não atesta a sua perfeição, mas uma carência no conhecimento ou uma certa negação. Porque, se eu visse sempre claramente o que é verdadeiro e bom, nunca deliberaria sobre o juízo ou a escolha a fazer (*de eo quod esset judicandum vel eligendum deliberarem*) e, assim, embora pudesse ser absolutamente livre, nunca poderia ser indiferente." (*Meditações*, IV, pp. 172-173)

[63] "E não se deixa de merecer, se bem que, vendo muito claramente o que se deve fazer, o façamos infalivelmente e sem nenhuma indiferença, como fez Jesus Cristo nesta vida. Com efeito, podendo o homem não ter sempre uma atenção perfeita às coisas que deve fazer, é uma boa ação tê-la e fazer, por seu intermédio, que a nossa vontade siga tanto a luz do nosso entendimento que ela de modo nenhum seja indiferente. De resto, eu não escrevi que a Graça impedia por completo a indiferença, mas unicamente que ela nos faz pender mais para um lado que para o outro e, assim, que ela a diminui, embora não diminua a liberdade; donde se segue, ao que me parece, que esta liberdade não consiste na indiferença." (*Carta ao Pe. Mesland*, de 2 de Maio de 1644).
A mesma ideia é retomada em carta ao Pe. Mesland, de 9 de Fevereiro de 1645: "E, a fim de expor mais completamente a minha opinião, gostaria de notar a este respeito que a indiferença me parece significar propriamente o estado em que se encontra a vontade quando não é impelida mais para um lado do que para o outro pela percepção da verdade ou do bem; e foi nesse sentido que a tomei quando escrevi que o grau mais baixo da liberdade é aquele em que nos determinamos às coisas pelas quais somos indiferentes." (AT, IV, p. 172).

nem a divina graça nem o conhecimento natural diminuem nunca a liberdade, antes a aumentam e corroboram."⁶⁴ [it. meu].

O articulado da 4ª Meditação joga na afinidade entre determinação e liberdade e na assimetria entre liberdade e indiferença⁶⁵. Daí a tese expressa nas 6ªs Respostas de que a indiferença não é intrinsecamente constitutiva da nossa liberdade: "(...) e finalmente a indiferença não pertence à essência da liberdade humana, já que de algum modo não somos livres (*cum non modo simus liberi*), quando a ignorância do que é correto (*recti*) nos torna indiferentes, mas maximamente (*maxime etiam*) quando a percepção clara nos impele a prosseguir alguma coisa."⁶⁶

É essa a diferença fundamental entre a liberdade divina e a humana: a liberdade divina exerce-se com a mais absoluta indiferença, evidenciando a onipotência do ato criador, ao passo que a liberdade pressupõe já sempre determinadas condições para o seu exercício⁶⁷.

A determinação não é atualidade pura, mas *um processo que se desenvolve sob um fundo de passividade*⁶⁸. Com efeito, a determinação não se opera

---

⁶⁴ *Meditações*, IV, p. 172.

⁶⁵ "Por exemplo, como examinasse nestes dias se existe alguma coisa no mundo e notasse que do próprio fato de proceder a este exame se seguia, com evidência, que existo, não pude evitar fazer o juízo de que é verdadeiro aquilo que concebo assim claramente. Não que fosse coagido por alguma força exterior, mas porque de uma grande luz no meu entendimento resultou uma grande propensão na vontade, e assim tanto mais espontaneamente e livremente acreditei quanto menos fui indiferente a isso." (*Meditações*, IV, p. 174).

⁶⁶ *6ªs Respostas*, AT VII, p. 433.

⁶⁷ "E, assim, uma indiferença total em Deus é uma prova muito grande da sua onipotência. Mas não é assim a respeito do homem, o qual, encontrando já estabelecida e determinada por Deus a natureza do bem e da verdade, e sendo a sua vontade tal que só pode naturalmente dirigir-se para o que é bom, é óbvio que o homem abraça tanto mais livremente o bom e o verdadeiro quanto mais evidentemente os conhece e que nunca é indiferente senão quando ignora o que é melhor ou mais verdadeiro ou, pelo menos, quando isso se lhe não apresenta tão claramente que de modo nenhum possa duvidar; e assim, a indiferença que convém à liberdade do homem é muito diferente daquela que convém à liberdade de Deus." (*Sextas respostas*, p. 280, AT VII, p. 432).

⁶⁸ Sob este aspecto, discordo dos termos em que Kambouchner opõe inclinação e determinação: "Ora, é este carácter *pré-constituído* que (com a insistência e a inércia correlati-

abruptamente e no vazio, mas insere-se no dinamismo de uma vontade que não cessa nunca de querer e desempenha uma função integradora do eu.

A tese da unidade da alma joga com a sua diferenciação funcional: longe de excluir a distinção das suas faculdades, indica o modo integrado do seu funcionamento. O art. 47 das *Paixões da Alma* é absolutamente explícito a este respeito, ao afirmar que "há em nós uma única alma e essa alma não tem em si nenhuma diversidade de partes: a mesma alma que é sensitiva é racional e todos os seus apetites são vontades". Descartes responde assim à ficção daqueles que consideram existir um conflito "entre a parte inferior da alma, a que chamam sensitiva, e a superior, que é racional, ou melhor, entre os apetites naturais e a vontade" (*ibid*). O que importa elucidar é a ordenação interna às faculdades e reconhecer a vontade como instância superiormente integradora.

A vontade é sempre acompanhada de consciência, que pode ser meramente operatória e não temático-objetal[69]. De igual modo, o ato de conhecer não se esgota na pura intelecção, consistindo no juízo, que incorpora necessariamente uma dimensão volitiva: "Para o juízo requer-se sem dúvida o entendimento, porque, acerca de uma coisa que não percepcionamos de modo nenhum nada podemos julgar. Mas requer-se também a vontade, para que seja dado o assentimento à coisa percepcionada de algum modo."[70]

O modo de ajustamento entre vontade e entendimento é particularmente elucidativo da unidade do espírito. Com efeito, a vontade não vem juntar-se ao exercício perceptivo da inteligência extrinsecamente, pelo que o seu ato não representa uma intromissão abusiva na esfera do enten-

---

vas) caberá inteiramente em geral às inclinações da vontade, por oposição à variabilidade da sua exigência e à pura atualidade da sua determinação" (*Art. cit.*, p. 132)

[69] "Pretendo que temos ideias não só de tudo o que está no nosso entendimento, mas inclusive de tudo o que está na vontade. Com efeito, nós não poderíamos querer nada, sem saber que o queremos, nem sabê-lo senão por uma ideia; mas não avanço que essa ideia seja diferente da própria ação." (*Carta a Mersenne*, de 28 de Janeiro de 1641, AT III, p. 295).

[70] Descartes, R. *Princípios da Filosofia*. Apresentação, tradução e comentário por Leonel Ribeiro dos Santos, Lisboa, Ed. Presença, 1998, p. 73. (art. 34).

dimento. A percepção de uma verdade suscita a adesão do espírito, que é dada infalivelmente quando se trata de princípios evidentes como "do nada nada se faz", "é impossível que uma coisa seja e não seja ao mesmo tempo"[71]. A evidência das ideias determina plenamente a vontade, inclina-a a assentir espontaneamente: "Sempre que percepcionamos algo claramente, espontaneamente lhe damos o assentimento e não podemos duvidar da sua verdade"[72]. A gnosiologia cartesiana não apela à *anulação da vontade*: a *reta ratio* é solidária de uma vontade livre, não a exclui[73].

A função do juízo, inalienável à vontade, é a *certificação do verdadeiro*. Não se trata de reduzir a verdade à certeza subjetiva — "o nosso espírito não é a medida das coisas ou da verdade"[74] —, mas de assumir a sua validade no plano subjetivo. O juízo pelo qual a vontade assente ao verdadeiro reconhece a sua inteligibilidade: não funda a verdade, confirma-a. Há uma realidade própria do inteligível, que se sobrepõe à inteligência finita: "Toda a percepção clara e distinta (*omnis clara et distincta perceptio*) é, sem dúvida, alguma coisa e, por conseguinte, não pode ser a partir do nada, mas tem necessariamente Deus como autor, quero dizer, aquele Deus sumamente perfeito a que repugna ser enganador: e, logo, sem dúvida é verdadeira."[75] A percepção, naturalmente ajustada à ideia que contém objetivamente algum tipo de realidade, dispõe a vontade para fazer sua essa ideia: o seu ato inscreve-se na receptividade da inteligência, à qual está ordenado: "(...) porque é manifesto pela luz natural

---

[71] *Princípios da Filosofia*, art. 49.
[72] *Princípios da Filosofia*, art. 43.
[73] A contraposição entre *reta ratio* e uma vontade intrinsecamente excessiva, nos termos de Carlos Silva, remete para um "conflito cartesiano das faculdades", que me parece defasado do texto cartesiano: "A teoria cartesiana das ideias (...) inclina já para esse privilegiar da *reta ratio*, de uma função do entendimento assim pautado, contrastando com o desacerto, o excesso da vontade, que constitui fonte de erro." (SILVA, Carlos. "A vontade de pensar ou a *cogitatio* segundo o voluntarismo cartesiano", *in* SANTOS, Leonel Ribeiro. *Descartes, Leibniz e a Modernidade*, Lisboa, ed. Colibri, 1998, p. 75). A referência ao "conflito cartesiano das faculdades" encontra-se *ibidem*, p. 76.
[74] *Carta a Thomas Morus*, 5. 02. 1649.
[75] *Meditações*, IV, pp. 178-179.

que a percepção (*perceptionem*) do entendimento deve preceder sempre a determinação da vontade"[76]. O arbítrio da vontade humana exerce-se em condições determinadas, não é arbitrário porque responde sempre à representação de alguma perfeição.

No plano do agir, a vontade desempenha igualmente um papel integrador na medida em que ela realiza a *apropriação do ato pelo agente*: no seu nível mais apurado, o querer exerce-se sobre o próprio ato, dando-lhe o consentimento da vontade.

O âmbito da vontade extravasa largamente o do moral. Com efeito, a qualidade moral não reside no próprio ato, mas no *consentimento voluntário* nesse ato. A moral não é um domínio específico da ação, mas uma nova dimensão desta, que incorpora regiões mais arcaicas da vontade, constituídas por afetos.

Há duas modalidades do afeto: emoção e paixão. Descartes marca bem essa distinção nos art. 147 e 148 das *Paixões*, assinalando a dificuldade em as destrinçar porque, na vida corrente, andam frequentemente juntas. A diferença fundamental reside em que a paixão é uma afecção própria da alma enquanto ligada ao corpo, ao passo que a emoção é um fenómeno interno da alma, que lhe advém de um modo inteiramente espontâneo: "Limitar-me-ei a acrescentar ainda aqui uma consideração que me parece muito útil para nos impedir de receber algum incómodo das paixões; é que o nosso bem e o nosso mal dependem principalmente das emoções interiores que são excitadas na alma tão-só por ela mesma, no que diferem dessas paixões que dependem sempre de algum movimento dos espíritos; e embora essas emoções da alma andem frequentemente juntas com as paixões que lhes são semelhantes, também podem encontrar-se com outras e, mesmo, nascer daquelas que lhes são contrárias"[77].

---

[76] *Meditações*, IV, p. 175.
[77] *Paixões*, art. 147.

Dada a relevância atribuída às "emoções interiores" — que "nos tocam de mais perto e têm, por conseguinte, muito mais poder sobre nós do que as paixões"[78] — importa realçar a sua especificidade. A dificuldade é agravada pela oscilação do léxico cartesiano, bem patente na definição da paixão e respectiva explicação. Por um lado, a emoção é utilizada como sinônimo de paixão[79], para evidenciar o aspecto pulsional da mesma[80]; por outro, a emoção é o reverso da paixão, isto é, a ação da alma sobre si mesma[81]. Noutras passagens, Descartes refere paixões que têm a sua causa na própria alma[82] e que, portanto, exprimem a sua espontaneidade.

A oscilação terminológica não revela apenas, nem principalmente, imprecisão conceitual, mas também a presença de uma vasta camada anímica que exige uma consideração específica. A questão é, pois, esta: *qual o significado da emoção enquanto modalidade afetiva distinta da paixão?* Mais uma vez, a indecisão lexical indica que estamos perante uma estrutura original. Se bem interpreto, a emoção designa a motivação intrínseca da vontade, que se de-

---

[78] *Paixões*, art. 148.
[79] "Depois de ter considerado em que é que as paixões da alma diferem de todos os seus outros pensamentos, parece-me que se pode em geral defini-las como percepções ou sentimentos ou emoções da alma que referimos particularmente a ela e que são causadas, mantidas e fortalecidas por algum movimento dos espíritos." (*Paixões*, art. 27).
[80] "Podemos designá-las ainda melhor como emoções da alma, não só porque este nome pode ser atribuído a todas as mudanças que ocorrem nela, ou seja, a todos os diversos pensamentos que lhe advêm, mas particularmente porque de todos os tipos de pensamentos que ela pode ter não há nenhuns outros que a agitem e sacudam tão fortemente como fazem estas paixões." (*Paixões*, art. 28).
[81] "Acrescento ainda que elas são causadas, mantidas e fortalecidas por algum movimento dos espíritos, a fim de as distinguir das nossas vontades, que se podem chamar emoções da alma que se referem a ela, mas que são causadas por ela própria, e também a fim de explicar a sua causa última e mais próxima, que as distingue uma vez mais dos outros sentimentos." (*Paixões*, art. 29).
[82] Após distinguir entre ações e paixões, o autor acrescenta: "(...) as primeiras estão absolutamente no seu poder e só indiretamente podem ser mudadas pelos corpos, tal como, pelo contrário, as últimas dependem absolutamente das ações que as produzem e só indiretamente podem ser mudadas pela alma, *salvo quando é ela própria a sua causa*." [it. meu] (*Paixões*, art. 41).

termina segundo uma causalidade imanente[83]. Como toda a atividade mental, é pensamento, mas um *pensamento racional* que não depende de nenhuma influência exterior: "E todos esses movimentos da vontade nos quais consiste o amor, a alegria e a tristeza, e o desejo, *enquanto são pensamentos racionais e não paixões*, [it. meu] poder-se-iam encontrar na nossa alma, mesmo que ela não tivesse corpo."[84]

A emoção situa-se no ponto em que vontade e pensamento racional constituem a unidade de dois polos irredutíveis — afeto e representação. A emoção é a componente afetivo-pulsional ligada a uma representação. Em sentido genérico, *a emoção é um afeto intelectual*, por exemplo um amor intelectual, distinto de um amor sensitivo: "Para responder ao primeiro ponto [O que é o amor], distingo entre o amor que é puramente intelectual ou racional e aquele que é uma paixão."[85]

A questão que se coloca é esta: a vivência do amor intelectual exclui a dimensão sensível do amor ou envolve intrinsecamente um aspecto passional? O amor intelectual é um amor puro no sentido ascético que o termo adquirirá no final do século, v. g. em Fenelon? O amor inclui o prazer ou este situa-se aquém do verdadeiro amor? Admitindo exceções, Descartes formula muito expressamente o princípio de que *o amor intelectual dispõe imediatamente o coração aos movimentos que excitam a paixão do amor*, levando a alma a *imaginar* o objeto amado com a graça que inspira o amor[86]. No plano natural, aquele que unicamente interessa aqui, o amor, incluindo o

---

[83] "Aqueles [pensamentos] a que chamamos suas [da alma] ações são todas as nossas vontades posto que nós experimentamos que elas vêm diretamente da nossa alma e parecem depender exclusivamente dela." (*Paixões*, art. 17).
[84] *Carta a Chanut*, de 1. 02. 1647.
[85] *Ibid.*
[86] "Mas, por via de regra, *esses dois amores acham-se juntos*: porquanto há uma ligação tal entre ambos que, quando a alma julga que um objeto é digno dela, isso dispõe imediatamente o coração aos movimentos que excitam a paixão do amor, e quando o coração se encontra assim disposto por outras causas, *isso leva a alma a imaginar qualidades amáveis em objetos nos quais, em qualquer outro momento, ela apenas veria defeitos.*" [it. meu] (*Ibid.*).

amor de Deus, é uma experiência do ser humano total, pelo que *o prazer não é erradicável da vivência amorosa*. O verdadeiro amor, seja intelectual ou físico, implica excesso, intensificação do desejo, um estado exaltante que não pode deixar de estimular a imaginação e os sentidos interiores. Mas como? Como é que a imaginação pode exercer-se sobre objetos que estão fora do seu âmbito e que só a razão pode apreender? Por exemplo, o amor "natural" de Deus é causado pela simples consideração das verdades pelas quais o entendimento apreende a bondade de Deus e da obra por ele criada. As perfeições divinas não são imagináveis. Por conseguinte, o amor natural de Deus é um amor intelectual causado por verdades que não podem ser comunicadas à imaginação. *Enquanto tal, o amor de Deus transcende a imaginação, mas não enquanto esse amor é uma vivência nossa*, que pode ser sentida e imaginada por quem ama. A distinção entre estes dois planos é claramente estabelecida por Descartes: "É verdade que é preciso que a alma se desligue muito do comércio dos sentidos para se representar as verdades que excitam nela esse amor; daí que não pareça que ela possa comunicá-lo à faculdade imaginativa para fazer dele uma paixão. Mas, não obstante, eu não duvido de que ela lho comunique. Porquanto, embora nós não possamos imaginar nada do que está em Deus, o qual é objeto do nosso amor, *podemos imaginar o nosso próprio amor*"[87][it. meu]. Por muito puro que seja o nosso amor, este inclui sempre uma dimensão fenomenológica enquanto *experiência interior* que podemos sentir e consentir.

    A continuidade entre emoção intelectual e paixão é lapidarmente expressa no art. 91 das *Paixões*. Num primeiro momento, o autor distingue entre alegria intelectual e alegria-paixão, para, seguidamente, afirmar o carácter irradiante da alegria que, graças à imaginação, é sentida também no corpo: "É verdade que enquanto a alma está junta ao corpo essa alegria intelectual não pode deixar de ser acompanhada por aquela que é uma paixão; pois logo

---

[87] *Carta a Chanut*, de 1. 02. 1647.

que o nosso entendimento se apercebe de que nós possuímos algum bem, embora esse bem possa ser tão diferente de tudo o que pertence ao corpo que não seja sequer imaginável, *a imaginação não deixa logo de fazer alguma impressão no cérebro, da qual segue o movimento dos espíritos que excita a paixão da alegria.*" [it. meu].

Não se pode humanamente viver sem paixões. Mas isso também não seria sequer desejável porquanto significaria reduzir o homem à mediania. O homem sábio e justo regula as paixões, investe-as para a obtenção do maior bem.

Em si mesmas, as paixões "são todas boas pela sua natureza"[88]. Quando bem usadas, conferem à alma um suplemento de vigor, tal como o seu mau uso diminui a potência da alma.

2. O uso das paixões

AS PAIXÕES CONSTITUEM O PONTO DE INTERSECÇÃO entre Psicologia e Moral, os dois ramos principais da nova antropologia para a qual Descartes trabalha nos últimos anos da sua vida. Consciente das dificuldades inerentes ao projeto de uma *mathesis* unitária apresentado nos *Princípios da Filosofia*, Descartes afirma a existência de um intervalo enorme, uma descontinuidade entre física e moral: "Mas, além de que eu de modo nenhum pretendo nem prometo que tudo aquilo que escrevi fosse verdadeiro, há um intervalo muito grande entre a noção geral do céu e da terra, que eu intentei fornecer nos meus *Princípios*, e o conhecimento particular da Natureza do Homem, da qual ainda não tratei"[89].

---

[88] *Paixões*, art. 211.
[89] *Carta a Chanut*, de 15. 06. 1646, AT IV, p. 441.

A consideração das paixões acompanha o *regresso da pergunta pelo homem*, que fora abandonada na segunda Meditação, em virtude dos preconceitos que transporta consigo e que barram o caminho a uma razão metodicamente conduzida. A primeira certeza, *eu sou, eu existo*[90], leva à pergunta, *o que é que eu sou*, na qual está implicada a necessidade de eliminar as opiniões falsas anteriormente aceites sem discussão[91]. A mais comum dessas opiniões é a de que eu sou um homem: "Então, o que é que eu antes julgava ser? Evidentemente um homem. Mas o que é um homem? Direi que é um animal racional? Não, porque depois devia investigar o que é animal e o que é racional, e deste modo resvalaria de uma questão em várias e mais difíceis"[92].

O questionamento cartesiano leva a substituir a resposta, *eu sou um homem*, por esta: eu sou uma coisa que pensa[93], uma substância pensante, irredutivelmente heterogênea à extensão corporal. O dualismo estrito não é compatível com a afirmação do homem entendido como um composto psicossomático. O estatuto metafísico do composto é altamente problemático.

O regresso do homem tem implicações metodológicas decisivas: confronta Descartes com os limites da análise, introduz uma descontinuidade na cadeia das razões. A tese de que o homem é *um verdadeiro composto substancial* e não um mero ser por acidente, como pretendia Regius, significa que o ser humano é um todo incindível, dotado de verdadeira unidade e que, portanto,

---

[90] É essa a formulação do *cogito* nas *Meditações*: "De maneira que, depois de ter pesado e repesado muito bem tudo isto, deve por último concluir-se que esta proposição Eu sou, eu existo, sempre que proferida por mim ou concebida pelo espírito, é necessariamente verdadeira." (*Meditações*, II, p. 119).

[91] "Mas ainda não sei quem sou, eu que agora sou necessariamente. (...) Por isso refletirei agora de novo sobre o que antes acreditava ser, antes de cair nestes pensamentos. E disso vou eliminar depois, pelas razões atrás alegadas, tudo o que puder ser infirmado, mesmo em grau mínimo, para que assim apenas reste precisamente aquilo que é certo e inabalável." (*Meditações*, II, p. 120).

[92] *Ibidem*.

[93] "Mas que sou eu então? Uma coisa pensante." (*Meditações*, II, p. 124).

não pode ser decomposto analiticamente⁹⁴. É esse o significado de que *a união é uma noção primitiva, que não pode ser derivada de nenhuma outra*⁹⁵.

Do ponto de vista metodológico, a união implica o reconhecimento de um plano do saber distinto da ciência geométrico-dedutiva. Trata-se ainda de uma evidência, mas um tipo de evidência distinta da intuição racional pela qual se apreendem as naturezas simples e que está no início do raciocínio dedutivo⁹⁶. A evidência racional pressupõe o ajustamento perfeito entre o pensar e o conteúdo visado, cuja luminosidade o torna absolutamente transparente à inteligência. Ora, a efetividade do homem como um todo coloca-nos

---

⁹⁴ A resposta de Descartes a Regius, adepto fervoroso do mecanicismo cartesiano, que introduz no curso de Medicina da Universidade de Utreque, é muito elucidativa a este respeito: "E de uma maneira geral, onde quer que a ocasião se apresente, tanto em privado como em público, deves aproveitar para crer que o homem é *um verdadeiro ser por si e não um ser por acidente* (hominem esse *verum ens per se, non autem per accidens*), e que o espírito está real e substancialmente unido ao corpo, não por posição (*situs*) ou disposição, como consta do teu último escrito (uma vez que isto merece repreensão e em meu entender não é verdade), mas por um verdadeiro modo de união (*per verum modum unionis*), que vulgarmente todos admitem, embora ninguém explique que modo seja esse (*qualis sit*), e portanto também tu não tentas explicar; mas podes, como eu na Metafísica, explicá-lo pelo fato de que percebemos que os sentimentos de dor, e todos os outros, não são puros pensamentos de um espírito distinto do corpo, mas percepções confusas desse mesmo espírito realmente unido [ao corpo]"(*Carta a Regius*, Janeiro de 1642, AT III, p. 493).

⁹⁵ "Em primeiro lugar, considero que há em nós certas noções primitivas, que são uma espécie de originais, sobre cujo padrão formamos todos os nossos outros conhecimentos. E tais noções são muito poucas; com efeito, a seguir às mais gerais, do ser, do número, da duração, etc., que convêm a tudo o que podemos conceber, só temos, para o corpo em particular, a noção da extensão, da qual decorrem as da figura e do movimento; e, para a alma sozinha, temos apenas a do pensamento, na qual estão compreendidas as percepções do entendimento e as inclinações da vontade; finalmente, para a alma e o corpo juntos, só temos a da sua união, da qual depende a da força que a alma tem de mover o corpo e o corpo de agir sobre a alma causando os seus sentimentos e paixões" (*Carta a Elisabeth*, 28. 06. 1643, AT III, pp. 693-694).

⁹⁶ "(...) noto uma grande diferença entre estes três tipos de noções, já que a alma só se concebe pelo entendimento puro; o corpo, ou seja, a extensão, as figuras e os movimentos, também se podem conceber pelo mero entendimento, mas muito melhor pelo entendimento auxiliado pela imaginação; e, finalmente, as coisas que pertencem à união entre a alma e o corpo só obscuramente se concebem pelo mero entendimento, ou mesmo pelo entendimento auxiliado pela imaginação, mas conhecem-se muito claramente pelos sentidos." (*Ibidem*).

perante um modo especial de inteligibilidade, distinto do olhar objetal. A união psicossomática apresenta a evidência de uma "experiência certíssima", um "fato último que só podemos obscurecer ao pretender explicá-lo"[97].

Diferentemente de entidades simples como o pensamento ou a extensão, consideradas isoladamente, que são apreendidas imediatamente pela inteligência, o homem é refratário à conceptualização metafísica. *A experiência que o homem faz de si próprio* como uma realidade integrada, que vive, ama e se alegra como um todo, *abre para um regime de inteligibilidade que pode bem ser designado como uma fenomenologia da vida.* É essa a abordagem proposta nos arts. 5 e 6 das *Paixões*: focar a vida a partir do seu modo próprio de doação, rompendo com a perspectiva metafísica. A vida apreende-se na imanência do viver, pelo que a morte significa a cessação das funções vitais, não no abandono do corpo pela alma, segundo um "erro considerável" muito difundido e que é "a primeira causa que impediu de explicar bem até hoje as paixões e outras coisas que pertencem à alma"[98]. A vida é a efetividade do viver, que se desenrola no "corpo de um homem vivo"[99].

A especificidade da vida — e é porventura a razão fundamental pela qual Descartes a considera apanágio exclusivo do homem — reside em que ela é um fenômeno corporal, mas simultaneamente é pertença do eu. Daí que a experiência de si faça intrinsecamente parte do exercício da vida: não há vida sem vivência dotada de uma certa qualidade subjetiva. Referida ao homem como seu sujeito, *a vida é sentimento do corpo próprio*, uma modalidade do sentir

---

[97] *Carta a Arnauld*, 29. 07. 1648, AT V, p. 222.
[98] *Paixões*, art. 5.
[99] "A fim de evitarmos esse erro, consideremos que a morte não acontece nunca devido à falta da alma, mas unicamente porque uma das principais partes do corpo se corrompe; e julguemos que o corpo de um homem vivo difere tanto do de um homem morto quanto um relógio, ou outro autômato (ou seja, outra máquina que se move por si mesma), quando está montado e tem em si o princípio corporal dos movimentos para os quais é instituído, com tudo o que é requerido para a sua ação, e o mesmo relógio ou outra máquina, quando está rompida e o princípio do seu movimento cessa de agir." (*Paixões*, art. 6).

que extravasa o pensamento consciente e cuja gênese acompanha a formação do novo ser no útero materno: "Eis quatro paixões [alegria e tristeza, amor e ódio] que julgo terem sido em nós as primeiras, e as únicas que tivemos antes do nascimento; e creio igualmente que elas foram então meramente sentimentos ou pensamentos muito confusos; porque a alma estava de tal maneira ligada à matéria que ainda não conseguia pensar em outra coisa que não em receber as diversas impressões provenientes da referida matéria; e se bem que, alguns anos depois, ela tenha começado a ter outras alegrias e outros amores, além daqueles que dependem exclusivamente da boa disposição e conveniente alimento do corpo, não obstante, o que houve de intelectual nas suas alegrias ou amores foi sempre acompanhado pelos primeiros sentimentos que ela tivera deles"[100]. Muito explicitamente, *a paixão é uma manifestação primordial da vida, que atesta a qualidade subjetiva da experiência*.

Tomadas em bloco, as paixões constituem um fundo apetencial que dispõe a alma a fazer aquilo que contribui para a saúde e bem-estar do corpo e para manter e reforçar a integridade do nosso eu: "(...) o uso de todas as paixões consiste em que elas dispõem a alma a querer as coisas que a natureza dita serem-nos úteis e a persistir nessa vontade"[101]. No entanto, dada a polaridade da vida anímica, que oscila permanentemente entre o positivo e o negativo, o útil e o prejudicial, todas as paixões podem ser desviadas da sua função, pervertendo-se[102]. Daí a necessidade de uma regulação das paixões — necessidade tanto mais premente quanto o livre jogo das paixões destrói a harmonia e o equilíbrio interior, originando um *conflito da alma consigo mesma* que dissolve a vontade e reduz drasticamente a autonomia do eu. A

---

[100] *Carta a Chanut*, 1. 02. 1647.
[101] *Paixões*, art. 52.
[102] De fato, todas as paixões podem ser úteis enquanto "fortalecem e fazem durar na alma pensamentos que é bom que ela conserve e que, sem isso, poderiam facilmente ser apagados", tal como podem ser prejudiciais enquanto "fortalecem e conservam esses pensamentos mais do que é necessário, ou então fortalecem e conservam outros nos quais não é bom deter-se" (*Paixões*, art. 74).

medicina mentis visa fortalecer a vontade e exerce-se fundamentalmente sobre as paixões: "Ora, é pelo sucesso destes combates que cada um pode conhecer a força ou a fraqueza da sua alma. Com efeito, aqueles em quem naturalmente a vontade pode mais facilmente vencer as paixões e deter os movimentos do corpo que as acompanham têm, sem dúvida, as almas mais fortes. (...) E as almas mais fracas de todas são aquelas cuja vontade se não determina assim a seguir certos juízos, mas se deixa continuamente arrastar pelas paixões presentes, que, sendo contrárias umas às outras, a puxam alternadamente para o seu partido e, aplicando-a a combater contra si mesma, põem a alma no estado mais deplorável que possa existir. Assim, quando o medo representa a morte como um mal extremo e que apenas pode ser evitado mediante a fuga, se, por outro lado, a ambição representar a infâmia desta fuga como um mal pior que a morte, essas duas paixões agitam diversamente a vontade, que, obedecendo ora a uma ora à outra, se opõe continuamente a si mesma e, assim, torna a alma escrava e infeliz"[103]. A força do querer (*vis volendi*)[104] reside na autonomia da vontade que não está sujeita às paixões e as regula pela medida do desejo.

O desejo é uma paixão especial que, tal como a admiração, a primeira das paixões numa ordenação sistemática, não tem contrário, mas por uma razão distinta da admiração. Com efeito, esta é desencadeada pela surpresa que a novidade ou o insólito geram no espírito, o seu oposto sendo a ausência de paixão ou a permanência no estado habitual do sujeito[105], ao passo que *o*

---

[103] *Paixões*, art. 48.
[104] *Meditações*, IV, p. 173.
[105] "Quando o primeiro contato com algum objeto nos surpreende e nós julgamos que ele é novo ou muito diferente daquilo que anteriormente conhecíamos ou daquilo que supúnhamos que ele devia ser, isso faz com que nos admiremos e fiquemos espantados. E porque isso pode acontecer antes de sabermos minimamente se esse objeto nos é conveniente ou não, parece que a admiração é a primeira de todas as paixões. E ela não tem contrário, devido a que, se o objeto que se apresenta não tem em si nada que nos surpreenda, de modo nenhum recebemos daí emoção e consideramo-lo sem paixão." (*Paixões*, art. 53).

desejo não tem contrário em virtude da sua própria ambivalência que leva a que ele se nos apresente como paradoxal: "Sei bem que comumente se opõe na Escola a paixão que tende à procura do bem, a única que é chamada paixão, àquela que tende para o mal, que é chamada aversão. Mas, na medida em que não há nenhum bem cuja privação não seja um mal, nem nenhum mal considerado como uma coisa positiva cuja privação não seja um bem, e em que ao procurar, por exemplo, as riquezas, se evita necessariamente a pobreza, ao evitar as doenças se procura a saúde, e por aí adiante, parece-me que é sempre um mesmo movimento que leva à procura do bem e à fuga do mal que lhe é contrário. Noto apenas a diferença que o desejo que temos quando tendemos para algum bem é acompanhado por amor e, depois, por esperança e alegria; ao passo que o mesmo desejo, quando tendemos a afastar-nos do mal contrário a esse bem, é acompanhado por ódio, temor e tristeza; o que é causa de que julguemos esse movimento contrário a si mesmo. Mas se quisermos considerá-lo quando ele se refere igualmente ao mesmo tempo a algum bem para o procurar e ao mal para o evitar, pode ver-se muito evidentemente que é uma única paixão que faz uma coisa e a outra."[106]

O desejo também é especial porque se não refere a um certo tipo de bens, mas a qualquer bem de que ainda se não goza no presente, mas se pretende gozar no futuro ou a conservar o bem presente[107]. Na medida em que não está confinado a um campo específico, o desejo acompanha cada uma das outras paixões, reforçando-as ou inibindo-as[108], a sua eficácia traduz-se no grau de passionalidade do sujeito. O desejo ocupa, assim uma posição mediadora entre as outras paixões e a vontade: "Mas, porque estas paixões

---

[106] *Paixões*, art. 87.
[107] "A paixão do desejo é uma agitação da alma causada pelos espíritos que a dispõe a querer para o futuro as coisas que ela representa a si mesma como convenientes. Assim, deseja-se não só a presença do bem ausente, mas também a conservação do presente e, além disso, a ausência do mal, tanto daquele que já se tem como daquele que se crê poder receber no futuro." (*Paixões*, art. 86).
[108] *Paixões*, art. 101.

só nos podem levar a alguma ação por intermédio do desejo que excitam, é particularmente este desejo que devemos ter o cuidado de regular; e é nisso que consiste a principal utilidade da moral"[109].

O desejo é excessivo, mas não desordenado. Regular as paixões não significa moderá-las porque *o excesso de bem introduz um suplemento de ordem e de harmonia*: "Mas, quando eu disse que há paixões que são tanto mais úteis quanto mais elas inclinam para o excesso, quis falar tão-só daquelas que são inteiramente boas; o que testemunhei ao acrescentar que elas devem estar submetidas à razão. Porquanto há dois tipos de excesso: um que, mudando a natureza da coisa e tornando-a de boa em má, impede que ela permaneça submetida à razão; o outro que aumenta unicamente a sua medida e mais não faz do que torná-la de boa em melhor. Assim, a ousadia não tem por excesso a temeridade senão quando ela ultrapassa os limites da razão, mas enquanto os não ultrapassa, pode ainda ter um outro excesso, que consiste em não ser acompanhada por nenhuma irresolução nem nenhum temor"[110].

A qualidade e intensidade do desejo atesta a disposição interior da alma, a sua saúde e o vigor da vontade. No domínio da virtude, "a falta que habitualmente cometemos não reside nunca em desejar excessivamente, mas tão-só em desejar excessivamente pouco"[111]. Desejo e prazer acompanham o exercício de aperfeiçoamento moral, de que faz parte intrínseca a satisfação interior. A moral cartesiana é uma arte de viver, não um código universal de conduta.

O que está em jogo é a construção do nosso eu, um itinerário de personalização ou ipseização. A generosidade, definida como "a mais alta estima que legitimamente se pode ter por si"[112], é reconhecida como "a chave de todas as virtudes e um remédio geral contra os desregramentos das

---

[109] *Paixões*, art. 144.
[110] *Carta a Elisabeth*, 3. 11. 1645.
[111] *Paixões*, art. 144.
[112] *Paixões*, art. 153.

paixões"¹¹³. O essencial passa-se na esfera subjetiva, na relação de si consigo. O objeto da generosidade é o lado mais intrínseco da nossa ipseidade, "o que mais verdadeiramente nos pertence, isto é, a livre disposição das nossas vontades"¹¹⁴. Muito explicitamente, a generosidade nasce de uma vontade boa, do sentimento que temos do mérito inerente a uma vontade que quer sempre o que se lhe apresenta como melhor¹¹⁵. *O critério moral é a voz da consciência*, o juízo que fazemos da situação, mesmo que esse juízo seja errado: "cumpre-se sempre o dever quando se faz o que se julga ser o melhor, ainda que se julgue muito mal"¹¹⁶.

A generosidade evidencia um nexo muito estreito entre psicologia e moral ou entre a paixão e a vontade livre, autônoma. Com efeito, como refere o art. 161 das *Paixões*, "podemos excitar em nós a paixão [da generosidade] e depois adquirir a virtude da generosidade". Qual o modo dessa passagem de um sentimento subjetivo do seu valor à justa consideração do mérito próprio? A resposta é dada em carta ao Pe. Mesland de 2. 05. 1644: "vendo muito claramente que uma coisa nos é própria, é difícil e mesmo, creio, impossível, enquanto se está nesse pensamento, deter o curso do desejo". Na medida em que nos identificamos com o ideal do nosso próprio eu e o assumimos como parte intrínseca de nós mesmos, a nossa vontade dispõe-se à perfeição do seu próprio ato.

---

[113] *Paixões*, art. 161.
[114] *Paixões*, art. 158.
[115] "A fonte da generosidade é a vontade que sentimos em nós próprios de usar sempre bem o nosso livre arbítrio" (*Paixões*, art. 158). Cf. *Paixões*, art. 153.
[116] *Paixões*, art. 170.

V
Consciência e inevidência do eu em Malebranche

> "Mas a maior parte dos homens não refletem bastante sobre a diferença que existe entre conhecer e sentir; entre um conhecimento claro e evidente, e o sentimento interior. Imaginam que conhecem claramente o que sentem vivamente; e que não conhecem, e são mesmo incapazes de conhecer as verdades claras e evidentes que os tocam pouco, e às quais por conseguinte dão pouca atenção. E é isso que os lança numa infinidade de preconceitos."[117]

1. TAL COMO HOJE, A NOÇÃO DE CONSCIÊNCIA REVELA-SE

problemática — no que respeita ao seu âmbito, estatuto e significação — aquando da sua inscrição no cerne da filosofia por efeito de pensadores eminentes do século XVII, entre os quais Descartes e Locke[118].

O modo de entrada da consciência no léxico filosófico moderno é, desde logo, significativo. Descartes atribui-lhe um lugar central no seu sistema,

---

[117] Malebranche, N. *Réflexions sur la Prémotion physique*, Œuvres Complètes, tomo XVI, Paris, Vrin, pp. 30-31. As citações de Malebranche serão feitas a partir da edição das Obras completas, publicada pelas ed. Vrin, sob a direção de A. Robinet. Indicar-se-á o título da obra citada, volume e página da edição referida.

[118] A este respeito, discordo da posição de Natalie Depraz segundo a qual há uma significação fundamental da consciência, que liga as diferentes perspetivas dos pensadores do século XVII: "Cada um traça um perfil incessantemente único do rosto da consciência: esta encontra a sua unidade complexa na pluralidade destas perspetivas singulares." (Depraz, N. *La conscience. Approches croisées, des classiques aux sciences cognitives*, Paris, A. Colin, 2001, p. 17).

afirmando a solidariedade estreita e a coextensividade entre pensamento e consciência[119]. Não obstante, o termo consciência é muito raro na produção filosófica cartesiana e a tematização que o autor faz dela é incipiente: faltou-lhe assumir decisões capazes de imprimir uma orientação relativamente definida à questão. Descartes chegou ao ponto de encruzilhada, vislumbrou os problemas, mas não os defrontou na busca de caminhos. Não admira, por conseguinte, que a sua posteridade imediata se tenha envolvido em animado debate, seguindo orientações ostensivamente contrárias e inconciliáveis. O ortodoxo Arnauld e o heterodoxo Malebranche sinalizam caminhos divergentes: o de uma consciência intencional e representativa em face de uma consciência afetada e receptiva.

Na definição de pensamento que é dada no texto latino dos *Princípios da Filosofia*, o pensamento é o fenômeno consciente enquanto tal: "Pelo termo pensamento entendo todas aquelas coisas que ocorrem em nós quando estamos conscientes, na medida em que há em nós consciência delas"[120]. A tradução francesa, revista pelo autor[121], mostra que o termo consciência recobre o âmbito da *percepção imediata* das ocorrências internas do eu. Assim, a consciência qualifica o exercício do pensar enquanto acontecimento meu, que experiencio imediatamente em mim: "... e não pode haver em nós nenhum pensamento do qual não estejamos conscientes (*conscii*) naquele preciso momento em que está em nós"[122]. Por via dela, realiza-se a pertença

---

[119] Nas *Respostas às terceiras Objeções*, pensamento, percepção e consciência são tomados como sinônimos: "E, depois, há os atos a que chamamos cogitativos, como entender, querer, imaginar, sentir, etc., que convêm todos sob a razão comum de pensamento, ou percepção ou consciência (*cogitationis, sive perceptionis, sive conscientiae*)" (AT VII, p. 176).

[120] "Cogitationis nomine, intelligo illa omnia, quae nobis consciis in nobis fiunt, quatenùs eorum in nobis conscientia est." (*Principia*, art. IX, AT VIII-I, p. 7).

[121] "Pela palavra pensar entendo tudo o que ocorre em nós de tal maneira que o apercebemos imediatamente por nós próprios." ("Par le mot de penser, j'entends tout ce qui se fait en nous de telle sorte que nous l'apercevons immédiatement") (AT IX-2, p. 28).

[122] *Quartas Respostas às Objeções*, AT VII, p. 246.

das operações intelectuais ao eu pensante. Ela é um traço unificador da vida mental, desempenha uma função de unidade. O eu dá-se na consciência de si, a sua figura própria é a de um sujeito de ação.

No léxico das *Meditações*, a percepção tipifica o estilo de relação consigo. O *cogito* é assimilado a uma percepção: a percepção de um eu singular que faz a experiência do seu próprio pensar. Percepção e a forma verbal perceber são os termos que organizam o campo do pensar no seu modo peculiar de exercício, isto é, enquanto consciência. É pela percepção que se dá o acesso ao pensar: é ela que exprime a especificidade da consciência. O que levanta uma constelação de problemas. A percepção de si é intelecção de uma ideia ou uma simples experiência? Trata-se de uma intuição no sentido fenomenológico do termo ou de um exercício reflexivo pelo qual o eu se desdobra em sujeito e objeto de si mesmo? É um ato instantâneo e descontínuo ou uma instância que garante a permanência e continuidade de uma mesma substância pensante? A substancialização do eu é extensiva à consciência ou esta situa-se num plano distinto do metafísico-entitativo? Descartes mantém, a este respeito, uma assinalável margem de ambiguidade, fornecendo indicações díspares, seja numa direção fenomenológica[123] ou estritamente metafísica[124].

2. MALEBRANCHE INAUGURA A FILOSOFIA DA CONSCIÊNCIA

ao assumi-la como *auto-afecção originária do eu pensante*, um sentimento de si desprovido de correlato objetal, uma experiência que resiste ao esforço de

---

[123] M. Henry assume vigorosamente a *cogitatio* cartesiana como momento inaugural da fenomenologia. Veja-se em particular, Michel Henry, «Le commencement cartésien et l'idée de la phénoménologie», *in* Depré, O. e Loires, D. *Lire Descartes aujourd'hui*, Louvain-Paris, Ed. Peeters, 1997 (tradução portuguesa por A. Cardoso, *Phainomenon*, n.º 13, pp. 179-190.

[124] Carlos Silva enfatiza a tendência metafísica do cartesianismo, ao afirmar que «a "descoberta" cartesiana não é a da *subjetividade*, mas a da substantividade do *ego*" (Silva, Carlos. "A vontade de pensar ou a *cogitatio* segundo o voluntarismo cartesiano", *in* Santos, L. R.; Alves, Pedro e Cardoso, Adelino. *Descartes, Leibniz e a Modernidade*, Lisboa, Ed. Colibri, 1998, p. 66).

conceptualização. A consciência, identificada com o sentimento interior, é a única via de acesso ao pensamento: "... só por sentimento interior ou por *consciência* é que conhecemos o pensamento"[125].

A primeira tematização da consciência, no capítulo VII do III livro da RV, vem na sequência do questionamento da pretensão de erigir o sujeito pensante no papel de fundamento do saber. É esse o significado da teoria da visão em Deus e correlativa rejeição do inatismo cartesiano e da tese segundo a qual o sujeito é fonte de inteligibilidade. O *cogito* não é o paradigma do saber, a sua verdade é a de um fato, *uma experiência incontestável*[126], não uma proposição universal. Malebranche opõe-se, assim, ao intento cartesiano de uma *mathesis universalis*, expressa na homogeneidade de procedimentos. Na formulação do autor, há quatro "maneiras de ver as coisas", que correspondem a modos de inteligibilidade distintos: o conhecimento por simples visão, que opera por intuição intelectual; o conhecimento representacional, que foca os objetos a partir da ideia geral que os inteligibiliza; o conhecimento por consciência ou sentimento interior de si; o conhecimento por conjetura, transpondo para o outro a experiência que se tem de si mesmo[127].

---

[125] *Recherche de la vérité*, Œuvres Complètes, tomo I, p. 382. Doravante: RV.

[126] "Por experiências incontestáveis entendo principalmente os fatos que a fé nos ensina e aqueles dos quais somos convencidos pelo sentimento interior que temos daquilo que se passa em nós." (*Traité de Morale*, I, V, XVI, Œuvres Complètes, tomo XI, p. 66)

[127] "A primeira [maneira de ver as coisas] é conhecer as coisas por si mesmas.
A segunda, conhecê-las pelas suas ideias, isto é, tal como o entendo aqui, por alguma coisa que seja diferente delas.
A terceira, conhecê-las por *consciência* ou por sentimento interior.
A quarta, conhecê-las por conjetura.
Conhecem-se as coisas por si mesmas e sem ideias, quando elas são inteligíveis por si mesmas, isto é, quando podem agir sobre o espírito e, mediante isso, revelar-se-lhe. (...) Conhecem-se as coisas pelas suas ideias quando elas não são inteligíveis por si mesmas, seja porque elas são corporais, seja porque não podem afetar o espírito e revelar-se-lhe. Conhecem-se por consciência todas as coisas que não são distintas de si. Finalmente, conhecem-se por conjetura as coisas que são diferentes de si e daquelas que se conhecem em si mesmas e por ideias, como quando se pensa que certas coisas são semelhantes a algumas outras que se conhece." (*Recherche de la vérité*, Œuvres Complètes, tomo I, pp. 448-449).

Em sentido preciso, só a intuição e intelecção ideativa são propriamente conhecimentos. A consciência fica aquém dos requisitos de um verdadeiro saber: o conhecimento que ela fornece, é inapelavelmente imperfeito. O Filósofo Oratoriano opera uma inversão da ordem cartesiana das razões e fá-lo de um modo ostensivo nos *Esclarecimentos* (*Eclaircissements*) X e XI. Mantendo e reforçando o dualismo cartesiano, o autor afirma a plena inteligibilidade do corpo, ao mesmo tempo que nega liminarmente a possibilidade de a alma conhecer a sua própria essência.

No *Esclarecimento* X, é introduzida a noção de *extensão inteligível*, na qual se funda a ciência geométrica dos corpos. A relevância da extensão inteligível será progressivamente maior nas obras subsequentes: nas *Meditações Cristãs e Metafísicas*, é apresentada como a própria "imensidão divina enquanto participável pelas criaturas"[128]; nas *Conversas sobre Metafísica*, assume o estatuto de *arquétipo*[129] que fornece a proto-inteligibilidade dos corpos. Na filosofia malebranchiana da luz, os corpos pertencem à zona obscura, não sendo visíveis por si mesmos, no entanto essa incapacidade de se fazerem ver é compensada pelo brilho da extensão pura e inteligível, que é o foco luminoso da razão natural. Em síntese, a extensão inteligível unifica a física na acepção geral de ciência das coisas materiais.

---

[128] "Mas deves distinguir duas espécies de extensão, uma inteligível e outra material. A extensão inteligível é eterna, imensa, necessária. É a imensidão do ser divino enquanto infinitamente participável pela criatura corporal, enquanto representativo de uma matéria imensa, numa palavra, a ideia inteligível de uma infinidade de mundos possíveis. É por essa extensão inteligível que tu conheces este mundo visível porquanto o mundo que Deus criou é invisível por si mesmo. A matéria não pode agir sobre o teu espírito nem representar-se-lhe." (*Meditations Chrétiennes et Métaphysiques*, Œuvres Complètes, tomo X, p. 99).

[129] "Teodoro — Meu caro Aristo, consulta atentamente as ideias claras. São elas que difundem nos espíritos atentos a luz que te falta. Contempla o arquétipo dos corpos, a extensão inteligível. É ela que os representa, já que foi sobre ela que todos eles foram formados. Essa ideia é luminosa. Consulta-a, pois." (*Entretiens sur la métaphysique et sur la religion*, Œuvres Complètes, tomos XII-XIII, pp. 154-155).

O *Esclarecimento* XI complementa o anterior. Num tom acerbamente anti-cartesiano, afirma-se peremptoriamente a assimetria entre a ideia clara da extensão, da qual podemos deduzir todas as propriedades geométricas do corpo, e a opacidade inerente à ideia que temos da alma. O léxico utilizado para a extensão é o da evidência e da intuição: apreendemo-la por simples visão (*de simple vue*)[130], "sem raciocínio" (*sans raisonnement*)[131]. Por seu lado, a alma carece inteiramente de evidência, a ideia que temos dela é irremediavelmente confusa: "Como é que, por conseguinte, eles [os cartesianos] podem defender que se conhece mais claramente a natureza da alma do que a do corpo, já que a ideia do corpo ou da extensão é tão clara que toda a gente está de acordo acerca do que ela contém e do que ela exclui, e que a da alma é tão confusa que os próprios cartesianos disputam todos os dias se as modificações de cor lhe pertencem ou não?"[132]

Daí a pergunta, ostensivamente provocatória, dirigida aos cartesianos: "Onde está, então, a ideia clara da alma, a fim de que os cartesianos a consultem?"[133]. O próprio Malebranche responde à pergunta, excluindo a possibilidade de a alma se intuir imediatamente a si mesma: "... eles não a verão nunca por simples visão (*d'une simple vûe*), não a descobrirão nunca consultando a pretensa ideia da alma" (*ibid.*).

Algo surpreendentemente, o corpo é objeto de apreensão inteligível, ao passo que a alma espiritual só sensivelmente se apreende a si mesma. E reside aí a originalidade da consciência: ela é puro sentimento de si, cuja verdade não carece de legitimação extrínseca. A alegria é estar alegre e o modo como isso me advém. O sentimento e o modo dele são uma e a mesma coisa. A dualidade ser/aparência não joga aqui: a realidade do sentimento consiste inteiramente na

---

[130] A locução *de simple vue* repete-se por diversas vezes nas pp. 164-166 (Œuvres *Complètes*, tomo III).
[131] *Op. cit.*, p. 165.
[132] *Op. cit.*, p. 167.
[133] *Op. cit.*, p. 166.

vivência que faço dele, sem resto. A sua imperfeição no plano intelectual não significa que ele seja falso, mas apenas que o seu modo de manifestação e veridicção não obedece aos cânones da racionalidade típica da ciência matemática, que serve de paradigma a Malebranche e à corrente mais representativa do seu tempo: "É verdade que o conhecimento que temos da nossa alma através da consciência é imperfeito, mas não é falso", a consciência "não nos induz em erro"[134]. Mais explicitamente, "embora os sentidos te enganem sempre, a tua consciência ou o sentimento interior do que se passa em ti não engana nunca"[135]. O erro deriva da nossa tendência a atribuir valor representativo aos nossos estados de consciência, que Malebranche designa como "percepções" ou "modalidades da nossa alma".

Em *Recherche de la Vérité*, Malebranche delimita o âmbito e significado da consciência: "É certo que a alma vê em si mesma e sem ideias todas as sensações e todas as paixões que a impressionam atualmente, o prazer, a dor, o frio, o calor, as cores, os sons, os odores, os sabores, o seu amor, o seu ódio, a sua alegria, a sua tristeza, e as outras; porque todas as sensações e todas as paixões da alma não representam nada que exista fora dela, que se lhes assemelhe, e porque elas são meras modificações de que o espírito é capaz."[136] A consciência abarca todos os fenômenos internos do nosso eu — sentimentos, desejos, paixões, volições — na medida em que os apercebemos imediatamente. Sem margem de ambiguidade, afirma-se que os estados internos do eu pensante não representam nada de exterior, exprimindo apenas o modo como somos afetados. No livro IV da mesma obra, o autor vai mais longe: *os nossos estados internos não representam nada de exterior nem de interior, não sendo sequer representativos de si mesmos*. Nos termos do Filósofo oratoriano: "Mas é tão falso que as modalidades da alma sejam representativas de todos os seres que elas não podem sê-lo de nenhum, nem mesmo do que elas são. Porque, embora nós tenhamos sentimento interior da nossa existência e das

---

[134] *Recherche de la vérité*, Œuvres Complètes, tomo I, p. 453.
[135] *Méditations Chrétiennes et Métaphysiques*, VI, 7, Œuvres Complètes, tomo X, p. 61.
[136] *Recherche de la vérité*, Œuvres Complètes, tomo I, p. 433.

nossas modalidades atuais, de modo nenhum as conhecemos"[137]. Percepção e representação não jogam uma com a outra: "Percepções representativas são duas palavras que não combinam bem entre si"[138].

Sentimento e luz excluem-se mutuamente[139]. O sentimento de si é intrinsecamente opaco, passa inteiramente ao lado daquilo que eu sou: "O sentimento interior que tenho de mim mesmo ensina-me que eu sou, que penso, que quero, que sinto, que sofro, etc., mas de modo nenhum me dá a conhecer o que eu sou, a natureza do meu pensamento, da minha vontade, dos meus sentimentos, das minhas paixões, da minha dor, nem as relações que todas estas coisas têm umas com as outras"[140]. A vivacidade do sentimento não diminui a sua obscuridade, aumenta-a: "Quanto mais os nossos sentimentos são vivos, mais eles difundem trevas"[141].

A consciência é uma estrutura basicamente afetiva[142]: ao olharmos para dentro de nós "vemos apenas os nossos sentimentos, e não as coisas que desejamos ver e que cremos falsamente que vemos"[143]. *A capacidade representativa da consciência é uma ilusão que deturpa o significado da consciência ao identificá-la com a intencionalidade* e radica na pretensão do eu pensante a

---

[137] *Recherche de la vérité*, Œuvres Complètes, tomo II, p. 97.
[138] *Recueil de toutes les réponses à Monsieur Arnauld*, Œuvres Complètes, tomos VIII-IX, p. 920.
[139] "Parece-me muito útil considerar que o espírito apenas conhece os objetos de duas maneiras: por luz e por sentimento. Vê as coisas por *luz*, quando tem uma *ideia clara* a seu respeito e pode, consultando essa ideia, descobrir todas as propriedades de que elas são suscetíveis. Vê as coisas por *sentimento*, quando não encontra em si próprio uma ideia clara das coisas para a consultar e não pode, assim, descobrir claramente as suas propriedades, conhecendo-as apenas por um sentimento confuso, sem luz e sem evidência." (Éclaircissement X, Œuvres Complètes, tomo III, pp. 141-142).
[140] *Entretiens sur la métaphysique et sur la religion*, Œuvres Complètes, tomos XII-XIII, p. 67.
[141] *Ibid.*, p. 68.
[142] Mafalda Blanc realçou bem este aspecto: "Mais do que simplesmente passivo ou sem intencionalidade, o que melhor caracteriza o espírito é a sua *estrutura receptiva de carácter afetivo*, quer dizer, uma capacidade muito geral de se deixar impressionar e modificar por toda a espécie de sentimentos e sensações, uma faculdade de tudo experimentar através do gozo e do sofrimento." (Blanc, Mafalda Faria. *O amor de Deus na filosofia de Malebranche*, Lisboa, IN-CM, 1998, pp. 296-297).
[143] *Recherche de la vérité*, Œuvres Complètes, tomo II, p. 88.

ser autor e fundamento das ideias mediante as quais representa os objetos. Pretensão absolutamente infundada, que é refutada pelo tipo de experiência que temos de nós próprios, já que o sentimento de si mostra que o eu se não faz a si mesmo, que a passividade pertence ao seu estrato mais originário: "É verdade que eu me sinto, mas não me vejo, não me conheço. E se me sinto é porque me tocam, já que eu não posso agir em mim."[144]

Os termos em que o autor pergunta pelo estatuto das ideias na sua relação com o sujeito cognoscente são elucidativos: "Mas a dificuldade consiste em saber se as ideias que representam alguma coisa que existe fora da alma e que de alguma maneira se lhes assemelha, como as ideias do Sol, de uma casa, um cavalo, um ribeiro, etc. são meras modificações da alma: de maneira que o espírito apenas precise de si mesmo para se representar todas as coisas que existem fora dele."[145] Pelo modo de posição da questão, ao problematizar o vínculo entre operação do sujeito e inteligibilidade, este texto é o momento inicial do debate em torno do psicologismo. Percepção e ideia são uma e a mesma coisa vista sob dois ângulos diferentes ou são planos irredutivelmente díspares?

A distinção entre percepção e ideia[146] é um dos tópicos nucleares da filosofia malebranchiana: a ideia é uma entidade inteligível, independente do fato de ser ou não percebida, não é o resultado da operação intelectiva pela qual a apreendemos[147]. A concepção do espírito é incapaz de fundar a

---

[144] *Méditations Chrétiennes et Métaphysiques*, II, 4, Œuvres Complètes, tomo X, p. 19.
[145] *Ibidem*.
[146] Esta distinção recobre a assimetria entre conhecer e sentir: "Tu *sentes as tuas modificações*, mas não as *conheces*; *conheces as tuas ideias* e as coisas mediante as suas ideias, mas não as *sentes*" (*Recueil de toutes les réponses à Monsieur Arnauld*, Œuvres Complètes, tomos VI-VII, p. 72).
[147] A tese de que as ideias são "seres reais porque têm propriedades reais" (*Recherche de la vérité*, III, II, 3, Œuvres Complètes, tomo II, p. 423), sucessivamente retomada, é enfatizada nos *Entretiens*: "Como os homens consideram como nada as ideias que têm das coisas, dão ao mundo criado muito mais realidade do que ele tem. (...) Pois, mais um passo (*encore un coup*), é muito mais fácil demonstrar a realidade das ideias ou, para utilizar os vossos termos, *esse outro mundo cheio de belezas inteligíveis*, do que demonstrar a existência deste mundo material." (*Entretiens...*, Œuvres Complètes, tomos XII-XIII, p. 36).

realidade da ideia em virtude do seu caráter de generalidade e universalidade, ao passo que o ato pensante é necessariamente particular: "Como é que tu, que és um ser particular, te modificarias para te representares uma figura em geral?"[148]. Uma mesma ideia pode ocasionar uma multiplicidade de percepções diferentes[149]. Por muito luminosa que seja uma ideia, v. g. a extensão inteligível, ela será sempre outra coisa, algo distinto da *minha* percepção dela: "A percepção que eu tenho da extensão inteligível pertence-me: é uma modificação do meu espírito. Sou eu que apercebo essa extensão. Mas a extensão que eu apercebo não é uma modificação do meu espírito. (...) A percepção que eu tenho da extensão não pode existir sem mim. Logo, é uma modificação do meu espírito. Mas a extensão que eu vejo subsiste sem mim."[150]

O grau máximo de ajustamento entre ideia e percepção ocorre quando esta assume plenamente o seu caráter receptivo, apagando a marca subjetiva do pensar. É esse o trabalho próprio da atenção: dispor o espírito a receber o fulgor da evidência, cujo excesso de luminosidade se impõe ao sujeito. Antecipando uma linha fundamental da fenomenologia de M. Henry[151], Malebranche assinala a *radical heterogeneidade entre* **cogitatio** *e evidência*[152]. Com efeito, eu posso conhecer

---

[148] *Méditations Chrétiennes et métaphysiques*, I, 22, Œuvres Complètes, tomo X, p. 17. A mesma tese é defendida em resposta a Arnauld: "É evidente que toda a *modalidade* de um ser *particular* não pode ser *geral*. Ora, eu penso num círculo em geral: a *realidade objetiva* do meu pensamento, ou *a ideia* desse círculo, não pode ser *uma modalidade particular* do meu espírito." (*Recueil de toutes les réponses à Monsieur Arnauld*, Œuvres Complètes, tomos VI-VII, p. 60).

[149] "Porque não se deve imaginar que uma mesma ideia toque sempre a alma de uma mesma maneira. Pode afetá-la com uma infinidade de percepções todas diferentes; o que mostra bem que as ideias são muito diferentes das percepções que delas se tem." (*Traité de l'amour de Dieu*, Œuvres Complètes, tomo XIV, p. 12).

[150] *Entretiens...*, I, x, Œuvres Complètes, tomos XII-XIII, p. 45.

[151] Acerca deste tópico, veja-se Henry, Michel. "Le commencement cartésien et l'idée de la phénoménologie", *in* Depré, O. e Lories, D. *Lire Descartes aujourd'hui*, Louvain-Paris, Ed. Peeters, 1997, pp. 208-209; e também Henry, Michel. *Encarnação. Uma Filosofia da Carne*, Lisboa, Círculo de Leitores, 2001, pp. 84-90.

[152] "Não confundas nunca a evidência, que resulta da comparação entre as ideias, com a vivacidade dos sentimentos que te afetam e impressionam." (*Entretiens...*, Œuvres Complètes, tomos XII-XIII, p. 68).

distintamente as propriedades do círculo e as relações entre as suas partes, mas não o ato pelo qual concebo as suas propriedades: "Todas as nossas percepções em geral nos são desconhecidas: as nossas sensações, a cor, o calor, o sabor, o odor, etc. as percepções puras tal como as percepções sensíveis. A percepção que temos de um círculo, por exemplo, não a conhecemos mais claramente do que a sensação ou o gosto de um fruto. Compreendemos claramente o que é um círculo, mas de modo nenhum compreendemos a percepção que temos dele, e isso pela simples razão de que temos a ideia clara da extensão, e por seu intermédio de um círculo, e de que não temos ideia clara da nossa alma, nem, consequentemente, da nossa percepção ou modificação."[153]

A evidência não é sentimento subjetivo[154], mas a qualidade pela qual o sujeito supera a particularidade do seu ato para se vincular ao inteligível. Evidência é a luminosidade própria da ideia e não um estado psicológico: a verdade inteligível da ideia enquanto esta se impõe ao sujeito. *No plano fenomenológico, a evidência significa fazer a experiência da passividade originária do espírito na sua relação com a verdade*. Por conseguinte, a disciplina implicada na evidência comporta uma atitude de grande exigência intelectual de modo a eliminar não só os preconceitos dos sentidos e da opinião, mas também a particularidade inerente ao meu pensar[155]. A *cogitatio* (o pensar) do espírito

---

[153] *Réflexions sur la prémotion physique*, Œuvres Complètes, tomo XVI, p. 28.
[154] "Os nossos sentimentos são confusos. São apenas modalidades da nossa alma que não podem iluminar-nos. Mas as ideias que a razão nos revela são luminosas: a evidência acompanha-as." (*Entretiens…*, Œuvres *Complètes*, tomos XII-XIII, p. 86).
[155] A disciplina exigida pelo Mestre interior nas *Meditações* é muito explícita a este respeito: "É preciso, meu Filho, que estejas extremamente atento às minhas respostas para as conceberes distintamente, é preciso que me escutes com muita humildade e respeito, a fim de que aquilo que te vou dizer te seja proveitoso. Com efeito, se os teus sentidos e as tuas paixões se não calarem, se os teus preconceitos se imiscuirem nas minhas respostas, e caso o espírito de orgulho ou a tua preguiça e a tua negligência te façam julgar a respeito daquilo que não concebes claramente, cairás em erros tanto mais perigosos quanto as verdades que quero ensinar-te são mais relevantes. Por conseguinte, sê humilde, atento, respeitador, desconfia de ti mesmo e põe a tua confiança em mim. Principalmente, rende-te apenas à evidência, que é o caráter da verdade: é o efeito da luz: é uma marca certa de que sou eu que falo." (*Méditations Chrétiennes et Métaphysiques*, XI, 5, Œuvres Complètes, tomo X, p. 117)

humano não se identifica com a Razão universal. Sob este aspecto, Malebranche foi o único "cartesiano" que seguiu a indicação de Descartes, expressa em carta a Arnauld (1648), segundo a qual a *cogitatio* é particular[156]. Em termos muito explícitos, o *Tratado de moral* parte justamente da assimetria entre espírito e razão: "Se o meu próprio *espírito* fosse a minha *Razão*, ou a minha luz, o meu espírito seria a razão de todas as inteligências. Com efeito, estou seguro de que a minha Razão ou a luz que me ilumina é comum a todas as inteligências. Ninguém pode sentir a minha própria *dor*: todo o homem pode ver a *Verdade* que eu contemplo. Portanto, isso significa que a minha *dor* é uma modificação da minha própria substância e que a *Verdade* é um bem comum a todos os espíritos."[157]

3. A NEGAÇÃO MALEBRANCHIANA DA CAPACIDADE RE

presentativa da consciência está de algum modo na contracorrente da tendência mais genuína de finais do século XVII e que visa marcar a eficácia do exercício pensante na produção do conhecimento. Daí o vigor da reação de Arnauld, cujo libelo *Des vraies et des fausses idées* é o manifesto da representação, elevada a paradigma da racionalidade.

A consciência intencional, na qual se irá rever a posteridade filosófica, é o reverso da consciência malebrancheanamente entendida como afecção do espírito pelas suas ocorrências internas: não a consciência de alguma coisa, mas simples consciência, sem correlato objetal, "sensiência", na expressão feliz de Sofia Miguens[158]. Ao invés, a consciência que representa as coisas exteriores e

---

[156] "Portanto, pelo pensamento não entendo algo de universal que compreenda todos os modos de pensar, mas *uma natureza particular, que recebe todos aqueles modos*" [it. meus] (*Carta a Arnauld* de 29. 07. 1648)

[157] *Traité de Morale*, I, I, ii, Œuvres Complètes, tomo XI, p.1 8.

[158] "O fato de a dor ter a vantagem (teórica...) de não representar nada, de ser um *raw feeling*, um sentimento cru — por oposição à *aboutness* ou intencionalidade que é o traço usualmente central na consideração da mente — faz com que ela abra a porta à teoria da interioridade como sensiência (*sentience*). Os problemas da sensiência são diferentes dos problemas da intencionalidade. Os últimos dizem diretamente respeito à mente

se representa a si mesma é uma consciência intelectual, um pensamento que acompanha virtualmente todos os outros pensamentos do espírito. O que está em confronto são duas figuras irredutíveis da consciência: uma *consciência afetada*, visceralmente inapta para conhecer, e uma *consciência representativa*, investida do poder de elucidação do mundo objetivo, ao qual está naturalmente ajustada. A interpretação heideggeriana do *eu penso* como *eu represento-me*, pondo-me a mim próprio como objeto em face de mim como sujeito[159], é muito problemática em face do texto cartesiano, do seu léxico e respectivo quadro sistemático, mas tem aqui um ponto de apoio insofismável.

Malebranche, apesar de assumir o rigor do método cartesiano e algumas teses nucleares do cartesianismo, v. g. o dualismo, subverte doutrinas emblemáticas do sistema cartesiano, v. g. a da evidência do *cogito* e a da criação das verdades eternas. O resultado é uma filosofia original, que acentua dificuldades sentidas pelo próprio Descartes, introduz novas distinções e articulações, aumentando significativamente o nível de complexidade. Ao invés, Arnauld assume dogmaticamente as doutrinas tipicamente cartesianas e opera a simplificação máxima do sistema, não sendo, pois, de estranhar que a *vulgata* cartesiana se ajuste admiravelmente às teses do Teólogo jansenista.

Opondo-se ao realismo malebrancheano das ideias, Arnauld reconduz a ideia à esfera da imanência do sujeito: uma ideia verdadeira é o correlato noemático da concepção do espírito pensante. A ideia falsa é aquela que é hipostasiada como uma entidade *sui generis* à qual cabe a função de estabelecer a ligação entre o sujeito pensante e os objetos por ele visados. A percepção é também ideia, tem um conteúdo nocional próprio: "Disse que tomava pela mesma coisa *a percepção* e *a ideia*. Importa contudo notar que essa mesma

---

como representação de um exterior, enquanto os primeiros envolvem um sentimento de si daquele que representa, e por isso estão ligados ao teor da interioridade." (Miguens, Sofia. "Qualia e Razões. Uma teoria da interioridade natural", *in* VV AA, *Dor e Sofrimento. Uma perspectiva interdisciplinar*, Porto, Campo das Letras, 2001, p. 236)

[159] Heidegger, M. *Nietzsche* II, Paris, Gallimard, 1971, pp. 114-128.

coisa, se bem que única, tem duas relações: uma que a alma, que ela modifica, a outra com a coisa percebida, enquanto ela está objetivamente na alma; e que a palavra *percepção* marca mais diretamente a primeira relação, e a *ideia* a segunda. Assim, *a percepção* de um quadrado marca mais diretamente a minha alma como percebendo um quadrado, e *a ideia* de um quadrado marca mais diretamente o quadrado enquanto ele está *objetivamente* no meu espírito."[160]

Pensar, perceber e representar são uma e a mesma coisa. O ato pensante, expresso pelo termo percepção, é essencial e formalmente representativo. A representatividade é a própria eficácia do espírito, não fazendo sentido recorrer a uma instância superior de validação: "Quando se diz que as nossas ideias e as nossas percepções (pois tomo isso pela mesma coisa) nos representam as coisas que concebemos e são imagens delas, é num sentido inteiramente diferente de quando se diz que os quadros representam os seus originais e são imagens deles, ou que as palavras proferidas ou escritas são as imagens dos nossos pensamentos. Porque, no que se refere às ideias, isso quer dizer que as coisas que concebemos estão *objetivamente* no nosso espírito e no nosso pensamento. Ora, essa *maneira de estar objetivamente no espírito* é tão particular ao espírito e ao pensamento, como sendo aquilo que constitui particularmente a sua natureza, que em vão se procuraria algo de semelhante em tudo o que não é espírito e pensamento."[161]

O dualismo alma/corpo não tem nada de misterioso ou abissal, significa apenas o ajustamento e a proporção mútua entre o sujeito cognoscente e o objeto conhecido, anulando a distinção entre objeto percebido e objeto visado: "Ora, tendo Deus querido que o nosso espírito conhecesse os corpos e que os corpos fossem conhecidos pelo nosso espírito, foi sem dúvida mais simples tornar o nosso espírito apto a conhecer imediatamente os corpos, isto é, sem *seres representativos*, distintos das percepções (efetivamente, é

---

[160] Arnauld, A. *Des vraies et des fausses idées*, Paris, Fayard, 1986, p. 44. Doravante, esta obra será referida pela sigla VFI.
[161] VFI, p. 45.

neste sentido que tomarei sempre aqui a palavra *imediatamente*) e os corpos aptos a serem imediatamente conhecidos pelo nosso espírito, do que deixar a alma na impotência de os ver de outro modo que não mediante certos *seres representativos*, e de uma maneira tão desajeitada que nenhum homem sincero pode dizer de boa fé que a compreendeu."[162]

O sujeito vê-se, pois, investido do poder de fundação, é em si mesmo que apreende a inteligibilidade das coisas. O meu ato de pensar é representativo porque eu contenho em mim, sob o modo intencional, as coisas, reduzidas à condição de objetos. A objetividade é a marca da realidade enquanto apta a ser apreendida pelo sujeito que pensa de uma maneira clara e distinta. A inteligibilidade identifica-se com a "realidade objetiva da coisa", que se dá na "presença objetiva" ao sujeito: "Ora, juntando tudo isso ao que dissemos nas definições 3, 6 e 7, segue-se que, sendo toda a percepção essencialmente representativa de alguma coisa, e chamando-se em vista disso *ideia*, ela não pode ser essencialmente reflexiva sobre si mesma (*essentiellement reflechissante sur elle même*) sem que o seu objeto imediato seja essa *ideia*, isto é, *a realidade objetiva* da coisa que o meu espírito é dito perceber: de maneira que, se eu pensar no sol, a realidade objetiva do sol, que está presente ao meu espírito, é o objeto imediato dessa percepção".[163]

Dado o caráter intencional do pensamento, que é sempre pensamento de alguma coisa[164], também a consciência é interpretada segundo o modelo do pensar objetivante: o sujeito apreende-se tomando-se a si mesmo como objeto. A consciência significa a transparência do pensar a si mesmo, a plena

---

[162] VFI, p. 80.
[163] VFI, pp. 52-53.
[164] "Como, portanto, é claro que *eu penso*, é igualmente claro que penso em alguma coisa, isto é, que conheço e percebo alguma coisa. Porque o pensamento é essencialmente isso. E assim, não podendo haver pensamento ou conhecimento sem objeto conhecido, também não posso perguntar a mim mesmo a razão por que penso em alguma coisa, que não simplesmente porque penso, sendo impossível pensar sem que se pense em alguma coisa." (VFI, p. 22).

identidade entre o pensante e o pensado. A percepção de si realiza-se pela ideia clara e distinta do pensamento substancial, denominado espírito ou alma. A consciência é uma representação do eu como unidade: uma representação ou ideia virtualmente presente em nós e que acompanha todos os nossos pensamentos[165]. O eu pensante é um verdadeiro suposto metafísico. Arnauld distingue consciência implícita ou virtual e consciência explícita ou atual. Ao pensarmos, sentirmos, querermos, muitas vezes não refletimos sobre o nosso ato, mas podemos sempre fazê-lo de uma maneira distinta. Nenhuma zona de penumbra afeta a luminosidade do eu, expressa na consciência. O estado pré-reflexivo é um nível elementar da consciência, que é sempre passível de apreensão intelectual. Todos os fenômenos interiores da consciência e do sentimento podem ser objeto de intelecção clara: "Ora, mesmo que se quisesse duvidar se a percepção que temos do nosso pensamento, quando o conhecemos (como) por si próprio sem reflexão expressa, é propriamente uma ideia, não se pode negar pelo menos que não tenhamos a facilidade de a conhecer mediante uma ideia; já que para isso se não exige mais do que uma reflexão expressa sobre o nosso pensamento. Porque então esse segundo pensamento que tem por objeto o primeiro será uma percepção formal deste e, por conseguinte, uma ideia. Ora, tal ideia será clara, uma vez que nos fará aperceber muito evidentemente aquilo de que é ideia. E, por conseguinte, é indubitável que vemos mediante ideias claras aquilo que vemos por sentimento e por consciência" [it. meu].

---

[165] "Talvez haja em mim algum pensamento que não muda e que se poderia tomar pela essência da minha alma. (...) Encontro dois que se poderiam considerar como tais: o pensamento do ser universal e aquele que a alma tem de si mesma; efetivamente, parece que um e outro se encontram em todos os outros pensamentos. O do ser universal; porque todos os pensamentos encerram a ideia de ser, não conhecendo a nossa alma nada a não ser sob a noção de ser possível ou existente. E o pensamento que a nossa alma tem de si mesma, porque, seja o que for que eu conheça, conheço que o conheço, por uma certa reflexão virtual que acompanha todos os meus pensamentos." (VFI, p. 23).

4. ARNAULD MANTÉM-SE FIEL AO INTENTO CARTESIANO DE

uma *mathesis* homogênea, rejeitando a dualidade entre ciência e consciência: o *cogito* reassume o estatuto de paradigma do saber. Mais sensível aos problemas deixados em aberto, Malebranche irá aprofundar o *intervalo imenso* que Descartes reconhece existir entre a física e a moral, a ciência mais elevada, à qual cabe a tarefa de perscrutar o íntimo do homem: a meditação e o exame de si são assumidos como via de aperfeiçoamento da pessoa moral[166]. Ao invés de Arnauld, que rejeita pura e simplesmente a legitimidade de uma moral filosófica[167] e se opõe à tendência para erigir a consciência em instância de validação moral, Malebranche propõe-se elaborar uma moral que estabeleça a ponte entre filosofia e teologia[168], na qual a universalidade do juízo[169] se combina com a dimensão interior da vivência pessoal. A lei moral única, comum a Deus e aos espíritos criados, é o amor da

---

[166] "Estuda o homem, a sua doença, as suas fraquezas, as suas inclinações, as leis da união entre a alma e o corpo, os sentidos, a imaginação, as paixões. Tal estudo é-te necessário para te conduzires; e, se refletires bem sobre o que se passa em ti, tornar-te-ás rapidamente sábio acerca desta matéria." (*Meditations...*, XX, 20).

[167] A este respeito, veja-se Cardoso, A. "Uma nova heresia à medida de um novo mundo: a ofensiva de Arnauld contra a doutrina do pecado filosófico", *Philosophica* 15 (2000), pp. 117-133.

[168] Em resposta à crítica de Arnauld ao seu *Tratado da Natureza e da Graça*, escreve Malebranche: "Arnauld põe-me a desempenhar dois personagens separados, o de Filósofo e o de Teólogo. Mas eu sou feito como os outros. Todos os teólogos são ao mesmo tempo Filósofos, tal como eu" (*Recueil de toutes les réponses à Monsieur Arnauld*, Œuvres Complètes, tomo VIII-IX, p. 631).

[169] "Com efeito, julgar as coisas ao acaso, bem como por paixão ou por interesse, é julgar mal já que não é julgar por evidência e por luz. É julgar por si mesmo e não pela *Razão*, ou segundo as leis da Razão universal, Razão que, segundo digo, é a única superior aos espíritos e a única que tem o direito de se pronunciar sobre os juízos que eles formam." (*Traité de Morale*, I, I, VIII, Œuvres Complètes, tomo XI, p. 20).

Ordem[170], isto é, o amor de cada ser na proporção da perfeição que ele encerra, do seu justo valor[171].

A Ordem é a noção axial da moral. Sobrepondo-se à inteligibilidade geométrica, que considera as *relações de grandeza* entre os seres, exercendo-se sobre realidades homogêneas, a Ordem considera as *relações de perfeição* entre diferentes tipos de seres: "As relações de grandeza são entre as ideias dos seres da mesma natureza, por exemplo entre a ideia de uma toesa e a ideia de um pé; e as ideias dos números medem ou exprimem exatamente essas relações, se elas não forem incomensuráveis. As relações de perfeição são entre as ideias ou maneiras de ser de natureza distinta, por exemplo entre o corpo e o espírito, entre o redondo e o prazer. Mas tu não podes medir exatamente estas relações. Basta que compreendas que o espírito, por exemplo, é mais perfeito ou mais nobre do que o corpo, sem saber exatamente quanto." As primeiras são abstratas, as segundas regulam a ação[172], sendo também chamadas "verdades práticas"[173].

---

[170] "Como a maioria dos homens não sabem distintamente que só a Sabedoria Eterna é que os ilumina e que as ideias inteligíveis que constituem o objeto imediato do seu espírito não foram criadas, imaginam que as leis eternas e as verdades imutáveis são estabelecidas como tais pela vontade livre de Deus. E foi isso que levou Descartes a dizer que Deus poderia ter feito com que 2 vezes quatro não fossem 8 e que os três ângulos de um triângulo não fossem iguais a dois retos, porque, diz ele, *não há ordem nem razão de bondade e de verdade que não dependa de Deus e porque foi ele que, desde toda a eternidade, ordenou e estabeleceu como soberano Legislador as verdades eternas*. Este homem sábio não atentava em que há uma ordem, uma lei, uma razão soberana que Deus ama necessariamente, que lhe é coeterna e segundo a qual é necessário que ele aja, suposto que queira agir." (*Recherche de la vérité, Eclaricissement VIII*, Œuvres Complètes, tomo III, pp.85-86).

[171] "Porque a ordem, considerada especulativa e precisamente enquanto ela encerra as relações de perfeição, ilumina o espírito sem o impressionar; e a ordem, considerada como a lei de Deus, como a lei de todos os espíritos, considerada precisamente enquanto tem força de lei, pois Deus ama e quer invencivelmente que se ame a Ordem, ou todas as coisas na proporção em que são amáveis: a ordem, digo, como princípio e regra natural e necessária de todos os movimentos da alma, toca, penetra, convence o espírito sem o esclarecer." (*Traité de Morale*, Œuvres Complètes, tomo XI, p. 68)

[172] *Op. cit.*, p. 39.

[173] *Traité de Morale*, I, I, XIX, Œuvres Complètes, tomo XI, p. 24.

A Ordem é *mais do que a simples Verdade*: acrescenta-lhe a dimensão do valor. Quando pergunto pelo valor do meu próprio eu, o que está em causa é *algo mais* do que os atributos que qualificam o meu ser.

O *excesso de sentido* que a Ordem transporta consigo é acompanhada por uma diminuição de inteligibilidade. Com efeito, a ordem escapa à evidência geométrico-metafísica, em virtude do seu modo próprio de doação, a saber, a percepção da beleza. Daí a advertência do Mestre interior: "Deves contemplar mais a beleza da ordem do que a evidência da verdade."[174] No plano da experiência vivida, o aperfeiçoamento moral é acompanhado pela intensificação do sentido estético.

Percepção da beleza e prazer formam um só: o prazer não é um efeito dessa percepção, mas identifica-se plenamente com ela: "… pois todo o sentimento agradável ou desagradável mais não é do que a percepção de uma ideia que afeta a alma de diversas maneiras"[175]. A moral institui, assim, um modo de inteligibilidade mais complexo do que o da *mathesis* científica, articulando a luminosidade da razão com a obscuridade do sentimento: "O conhecimento da ordem que é a nossa lei indispensável é uma amálgama de ideias claras e sentimentos obscuros"[176].

A relação com a Ordem é intelectual, mas é também afetiva, já que ela "está gravada no coração do homem"[177]. Daí a diferença entre a moralidade aparente daquele que se submete à voz da razão e lhe obedece cegamente, por um lado, e a *moralidade verdadeira*, expressa no amor da Ordem. No léxico do autor, o cumprimento do dever não se identifica com a virtude: "Um dos maiores defeitos que se notam nos livros de certos Filósofos é que eles confundem os deveres com as virtudes, ou que dão o nome de virtudes aos simples deveres. (…) Logo, a disposição para observar um tal desses

---

[174] *Méditations…*, III, 23, Œuvres Complètes, tomo X, p. 34.
[175] *Traité de l'amour de Dieu*, Œuvres Complètes, tomo XIV, p. 12.
[176] *Traité de Morale*, I, V, § xix, Œuvres Complètes, tomo XI, p. 67.
[177] *Traité de Morale*, I, II, § ix, Œuvres Complètes, tomo XI, p. 33.

deveres não é propriamente a virtude, sem o amor da Ordem."[178] Significa isto que *não há um índice objetivo do bem*, que a simples observação exterior das ações humanas não é suficiente para estabelecer a sua qualidade moral. Consideradas em si mesmas, a um olhar pretensamente objetivo, as ações são o que há de mais equívoco e confuso[179]. Por conseguinte, a consideração dos "nossos sentimentos e movimentos interiores" "é de uma consequência infinita para a Moral"[180]. A virtude é amor, ou seja, o ato da vontade. Ora, a vontade só se determina a amar aquilo que lhe dá prazer: "De modo que, se considerarmos o prazer em geral, enquanto ele contém os prazeres racionais bem como os sensíveis, parece-me certo que é ele o princípio ou o motivo único do amor natural ou de todos os movimentos da alma para qualquer bem, já que só se pode amar o que agrada."[181]

A moral inclui dois planos, que "importa não confundir"[182], o do *fim* visado pela ação e o do *motivo* subjetivo que determina a vontade a amar tal objeto em vez de outro. A questão reside no modo de articulação entre estes dois planos, mais precisamente, na ordenação mútua entre vontade e afeto: *o afeto é o estrato fundador da vontade*. Malebranche demarca-se da concepção fantasiosa da vontade entendida como liberdade de equilíbrio, que se determina indiferentemente por um ou outro motivo[183]. O Oratoriano introduz a inclinação na constituição íntima da vontade, definida como *impressão originária para o bem em geral*: "(...) é essa impressão contínua de Deus que faz a vontade dos homens, já que eles não são capazes de amar nenhum bem

---

[178] *Traité de Morale*, I, II, IV-V, Œuvres Complètes, tomo XI, pp. 30-31.
[179] "Se quiséssemos guiar-nos pelos exemplos e julgar as coisas pela opinião, enganar-nos-íamos permanentemente. Porquanto não há nada mais equívoco e mais confuso do que as ações dos homens e muitas vezes não há nada mais falso do que aquilo que passa por certo em povos inteiros." (*Traité de Morale*, I, V, xvi, Œuvres Complètes, tomo XI, p. 66.)
[180] *Ibid.*, p. 67.
[181] *Recherche de la vérité*, Œuvres Complètes, tomo II, p. 47.
[182] *Traité de l'amour de Dieu*, Œuvres Complètes, tomo XIV, p. 10.
[183] *Traité de l'amour de Dieu*, Œuvres Complètes, tomo XIV, p. 19 e 27.

em particular senão mediante o amor natural e invencível que Deus lhes dá para o bem em geral"[184].

A vontade determina-se livremente, mas ela tem uma função integradora relativamente aos sentimentos naturais: incumbe-lhe elevar o sentimento a uma dimensão superior, não anulá-lo. *O exercício da vontade pressupõe uma natureza humana que age por motivação, de um modo espontâneo.* Os sentimentos formam-se em nós, sem nós[185]. A passagem da espontaneidade natural à liberdade moral significa o salto *do sentir ao consentir*: "Quando digo que temos sentimento interior da nossa liberdade, não pretendo defender que tenhamos sentimento interior de um poder de nos determinar a querer qualquer coisa sem nenhum motivo físico, poder que algumas pessoas chamam *indiferença pura*. Tal poder parece-me encerrar uma contradição óbvia. Trata-se de algo que se vê suficientemente, se se interpretou bem o que acabo de dizer [port. estranho]; com efeito, é claro que é preciso um motivo, que é preciso por assim dizer sentir antes de consentir"[186]

A perfeição moral, expressa no amor prevalecente da Ordem, acima de todas as coisas, joga com o amor de si, que é o motivo natural da ação humana em geral. Trata-se de um motivo *natural*, que se situa aquém do bem e do mal, numa esfera de a-moralidade: "Assim, o amor-próprio, o desejo de ser feliz não é virtude nem vício, mas é o motivo natural da virtude, e que nos pecadores se torna motivo do vício"[187]. Ao invés da *apatheia* estóica[188], a

---

[184] *Méditations...*, XV, 10, Œuvres Complètes, tomo X, p. 168.

[185] Utilizando o termo paixão no sentido amplo que lhe é atribuído na literatura filosófica do século XVII, escreve Malebranche: "Todas estas coisas que acabamos de explicar a respeito das paixões em geral não são livres: estão em nós sem nós e só o consentimento da nossa vontade é que depende absolutamente de nós." (*Recherche de la vérité*, Œuvres Complètes, tomo II, p. 158).

[186] *Recherche de la vérité*, Œuvres Complètes, tomo III, p. 29.

[187] *Traité de Morale*, II, XIV, iv, Œuvres Complètes, tomo XI, p. 270.

[188] Sob este aspecto, Malebranche insere-se na corrente de espiritualidade cristã que, ao longo do século XVII, se opõe aos Estóicos, valorizando a dimensão do sentimento (*Recherche de la vérité*, Œuvres Complètes, tomo XI, pp. 76-77).

virtude cristã tal como Malebranche a entende apura e intensifica a capacidade emocional do homem. O uso das paixões é o aspecto fundamental da moral: querer significa "consentir num motivo"[189].

A vontade livre está na continuidade da espontaneidade natural. O ideal de união perfeita com Deus mediante um amor livre esclarecido não dispensa, antes exige, o conhecimento do modo como se formam e desenvolvem em nós as inclinações que qualificam e conferem uma identidade própria ao espírito de cada um de nós. A razão indica o fim a alcançar, a ciência do homem revela a intimidade de cada um, a relação de si consigo, que é a pedra de toque da moralidade.

Nas palavras do autor, a ciência do homem é meramente *experimental*: "O conhecimento do homem é de todas as ciências a mais necessária ao nosso tema [a moral]. Mas não é mais do que uma ciência experimental, que resulta da reflexão sobre o que se passa em si mesmo"[190]. A base desta ciência é a reflexão sobre os seus próprios fenômenos ou, como é dito algumas linhas acima, "sobre os nossos sentimentos e movimentos interiores a fim de descobrir o seu encadeamento e relações, e as causas naturais ou ocasionais que os excitam". Trata-se de uma ciência experimental, que incide sobre fatos incontestáveis, mas que carecem da luminosidade dos princípios evidentes em que assenta a inteligibilidade físico-geométrica. Fenomenologia é outro modo de dizer esta *ciência da consciência* como modo original de o espírito fazer a experiência de si.

A consciência é *pontual*, o seu campo próprio restringe-se à experiência atual, àquilo que efetivamente ocorre em nós. Ora, o dado imediato que se apresenta à consciência remete para um *fundo apetencial* pelo qual se efetua a continuidade do eu. Esse fundo apetencial é constituído por *disposições internas*

---

[189] *Réflexions sur la prémotion physique*, Œuvres Complètes, tomo XVI, p. 50.
[190] *Traité de Morale*, I, V, xvii, Œuvres Complètes, tomo XI, p. 67.

que formam a estrutura dinâmica do nosso nós mesmos[191]. Na medida em que ela visa perscrutar a *motivação profunda* dos nossos atos, a ciência do homem resiste à ilusão da autonomia da consciência, radicando-a na vida de um eu, que é uma ipseidade em construção, não um ser fixo e naturalmente dado.

---

[191] "Além disso, como a vontade não é nunca obrigada à força, nós imaginamos que tudo o que queremos, o queremos precisamente porque o queremos. De modo nenhum pensamos que as nossas vontades se excitam em nós em consequência das nossas disposições interiores. Porque, sendo de fato essas disposições modificações do nosso ser próprio que nos são desconhecidas, elas fazem-nos querer de uma maneira que parece que isso depende de nós: pois nós queremos tão agradavelmente que cremos que nada nos obriga a querer. É verdade que então nada nos obriga a querer senão nós mesmos. Mas o nosso nós mesmos (*nôtre nous-mêmes*) não é o nosso ser puramente natural ou perfeitamente livre para o bem e para o mal: é o nosso ser disposto a um ou outro através de modificações que o corrompem ou aperfeiçoam e que nos tornam justos ou pecadores aos olhos de Deus. E são essas disposições, que é preciso aumentar ou destruir mediante os atos, que são as causas naturais dos hábitos." (*Traité de Morale*, I, IV, § iii, Œuvres Complètes, tomo XI, p. 52).

VI
A Representatividade do Pensar na Controvérsia entre Malebranche e Arnauld

1. Introdução

PENSO, COM FERNANDO GIL, QUE "É A ASSOCIAÇÃO DO real com a 'sua' representação que fornece o próprio *quadro* formal de pensabilidade do mundo"[192]. Trata-se, pois, de uma noção arcaica e onipresente, mas cuja significação permanece frequentemente muito difusa entre os filósofos.

Segundo uma interpretação que fez escola — refiro-me à de M. Heidegger —, a representação constituiria o modo segundo o qual a metafísica moderna, inaugurada por Descartes, determina o ser do ente. Ou seja, a objetivação do ente, como aquilo que se apresenta em face de um sujeito, faz do ente uma representação subjetiva. Na perspectiva heideggeriana, a noção matricial do *cogito* significaria exatamente a posição de si como objeto em face de si mesmo: "eu penso quer dizer eu represento-me"[193]. Consequentemente, o fundamento do ser e da verdade reside na própria representação: "A proposição [*cogito sum*] exprime a ligação entre *cogito* e

---

[192] Gil, Fernando. *Mimésis e Negação*, Lisboa, IN-CM, 1984, p. 38.
[193] Heidegger, M. *Nietzsche*, II Band, 1997, p. 142.

sum. Ela diz que eu sou enquanto representante (*Vorstellende*), que não só o *meu* ser é essencialmente determinado através deste representar, mas que o meu representar, como a *repraesentatio* reguladora, decide acerca da presença (*Präsenz*) de todo o representado, isto é, acerca da presença (*Anwesenheit*) do que é significado nele, ou seja, acerca do ser do representado enquanto ente. A proposição diz: o representar, que se colocou a si próprio essencialmente diante de si, põe o ser como representatividade (*Vorgestelltheit*) e a verdade como certeza. Aquilo sobre o qual todas as coisas estão recolocadas como sobre o fundamento inabalável é *a essência completa da própria representação*, na medida em que a partir dela se determinam a essência do ser e da verdade, tal como a do homem como o representante e o modo dessa regra"[194]. Assim, pensar é forçosamente colocar-se em face de si como *ob-stante*. As *res cogitans* é, enquanto tal, *res cogitata*: (*Op. cit.*, p. 144).

Ora, esta interpretação é altamente problemática[195] e não encontra correspondência no léxico do autor. De fato, por exemplo no texto latino das *Meditações*, o termo representação ocorre limitadamente[196] e sempre num contexto restrito, como resposta a uma questão precisa: a da objetividade da ideia. A representação é o caráter da ideia objetivamente considerada enquanto ela contém, sob a forma de realidade objetiva, a coisa de que ela é a ideia[197]. Ela recobre o âmbito do pensar objetivante. A questão reside em

---

[194] Heidegger, M. *Op. cit,* p. 143.
[195] Steven Nadler assume a posição contrária: a filosofia cartesiana das ideias não é "representacionalista" (NADLER, S. *Arnauld and the Cartesian philosophy of ideas*, Manchester University Press, 1989, p. 131).
[196] Encontramo-la apenas no prefácio, na III e VI Meditações, sendo de relevar a sua ausência liminar nas Meditações II e IV, em virtude da temática respectiva: o espírito e o conhecimento de si; a verdade e o erro.
[197] Nas *Primeiras respostas*, Descartes é muito explícito ao afirmar que, ao invés de Caterus, a ideia significa para ele a presença objetiva da coisa no espírito pensante, não uma imagem da própria coisa, à qual se não refere imediatamente: "(...) eu, porém, falo da ideia, que não está nunca fora do entendimento, e a significação (*ratio*) do seu *estar objetivamente* não quer dizer outra coisa senão estar no entendimento do modo como os objetos costumam estar nele" (AT VII, p. 103).

saber se, formalmente, todo o pensar é objetal, pressupondo inevitavelmente a dualidade sujeito/objeto e a consequente apreensão de si a modo de objeto[198]. Tal como mostrei noutro lugar, o estilo de relação de si consigo, expresso na *cogitatio*, é perceptivo e não representativo[199]. É perceptivamente que o eu apreende as suas faculdades e a si próprio: "eu próprio sou percebido por mim" (*ego ipse a me percipior*)[200] ou "reconheço abertamente que nada pode ser mais fácil e mais evidentemente percebido por mim do que o meu espírito" (*aperte agnosco nihil facilius aut evidentius meâ mente posse a me percipi*)[201]. Apreender-se perceptivamente significa sentir-se, fazer a experiência imediata de si.

Dada a ambiguidade do próprio Descartes a respeito da representatividade do pensar, não é surpreendente que os dois mais notáveis "cartesianos", Malebranche e Arnauld, tenham posições díspares, ou mesmo antagônicas, a este respeito. De fato, o diferendo, que está no cerne da escaldante controvérsia das ideias em que ambos se envolveram, diz respeito não apenas ao âmbito da representação mas também ao significado da mesma. O único ponto de acordo entre eles diz respeito àquele mínimo intrínseco a qualquer uso do termo representação: "Em todas as formas de representação uma coisa se encontra no lugar de outra, representar significa ser o outro de um outro que a representação convoca e revoca"[202].

---

[198] R. Filho defende expressamente essa tese: que, para Descartes, todo o pensamento é representativo, isto é, apresenta à consciência do sujeito um conteúdo que se opõe e se distingue desse sujeito, mesmo quando se trata da apreensão de si e dos seus atos (FILHO, R. L. "Idée et représentation", *in* BEYSSADE, J.M. et MARION, J.L. *Descartes. Objeter et répondre*, Paris, PUF, 1994, p. 191)

[199] A este respeito, cf. Cardoso, A. "O paradigma da percepção", *in* IDEM, *O envolvimento do infinito no finito*, Lisboa, Centro de Filosofia da Universidade de Lisboa, 2006, pp. 83-94.

[200] Descartes, R. *Meditationes* III, AT VII, p. 51.

[201] Descartes, R. *Meditationes* II, AT VII, p. 34.

[202] Gil, F. *Op. cit.*, p. 39.

2. Malebranche: a representatividade da ideia

MALEBRANCHE ELABORA UM SISTEMA FILOSÓFICO original, que assume problematicamente o legado cartesiano, subvertendo ou reformulando as doutrinas emblemáticas do cartesianismo: estatuto fundador do *cogito*, inatismo das ideias, criação das verdades eternas.

Muito longe de ser o fundamento e o cânone do saber, a consciência de si significa a insuperável opacidade do eu e a impossibilidade de constituir uma ciência do espírito pensante. O *cogito* é um fato indubitável mas ao qual não corresponde um conteúdo noemático preciso: é uma *percepção sem ideia correspondente*, um sentir ou uma experiência irredutível a uma representação. Efetivamente, o sentimento de si é um *sentimento confuso*, que garante que eu sou, mas não aquilo que sou: "O sentimento interior que tenho de mim mesmo ensina-me que eu sou, que penso, que quero, que sinto, que sofro, etc., mas de modo nenhum me dá a conhecer o que eu sou, a natureza do meu pensamento, da minha vontade, dos meus sentimentos, das minhas paixões, da minha dor, nem das relações que todas estas coisas têm umas com as outras"[203]. A vivacidade do sentimento não diminui a sua obscuridade, aumenta-a: "A ilusão de que a alma se conhece é um dos nossos sentimentos mais vivos, donde nascem muitos preconceitos"[204].

O eu não é a sua própria luz e, muito menos, a fonte de inteligibilidade. A posição justa da inteligência finita é de acolhimento à voz da Razão, que se faz ouvir no interior de cada homem liberto dos preconceitos e disposto a receber a luz da evidência racional: "se queres aumentar os teus conhecimentos, consulta a tua razão e escuta-me"[205]. A obscuridade intransponível do eu contrasta com a evidência do inteligível, dotado de significação e realidade

---

[203] Malebranche, N. *Entretiens, Œuvres*, tomos XII-XIII, p. 67.
[204] Malebranche, N. *Réflexions sur la prémotion physique*, Œuvres, XVI, pp. 30-31.
[205] Malebranche, N. *Meditações Cristãs e Metafísicas*, tradução de A. Cardoso, Lisboa, Colibri, 2003, p. 69.

próprias, ao invés da doutrina da criação das verdades eternas, defendida por Descartes: as verdades eternas são "leis imutáveis", que o próprio Deus consulta em todas as suas operações", uma ordem que Deus ama e lhe é coeterna[206].

Ao destituir o eu da função de centro ao qual se reconduz a unidade do saber, o Filósofo apela a uma reordenação do espaço da *mathesis* através da consideração de diferentes regimes de inteligibilidade correspondentes a planos epistêmicos distintos. Esses níveis epistêmicos são designados como "quatro maneiras de ver as coisas", a não confundir com graus de conhecimento de uma mesma realidade. São eles: a visão direta e imediata do inteligível, isto é, a intuição das "coisas que se conhecem por si mesmas", as verdades eternas e incriadas; o conhecimento das coisas sensíveis pelas ideias que as representam eminentemente; a consciência ou sentimento de si; o conhecimento conjetural dos outros por analogia consigo[207].

Vamos deter-nos na segunda maneira de conhecer, por ideia. Muito expressamente, conhecer as coisas pelas suas ideias significa conhecê-las "por alguma coisa que seja diferente delas". Isso pressupõe que as coisas conhecidas por esta via "não são inteligíveis por si mesmas" (*ibid.*). Ora, estas coisas são nada mais nada menos do que as coisas materiais que constituem o objeto da física e da matemática. A ciência natural exerce-se através de *ideias representativas* dos objetos, a primeira das quais é a ideia de extensão, não a extensão material mas a extensão inteligível.

Ao passo que Descartes concede à extensão o estatuto de atributo essencial da substância corporal[208], isto é, de cada corpo individualmente considerado, Malebranche atribui à extensão inteligível o estatuto de uma *noção arquetípica*, da qual depende a possibilidade efetiva dos corpos extensos. Ao

---

[206] *Meditações Cristãs e Metafísicas*, IV, 8, p. 61; *Recherche de la vérité*. Éclaircissements. Œuvres, III, pp. 85-86.
[207] *Recherche de la vérité*, V, III, II, VII, 1, Œuvres, I, p. 448.
[208] "... a extensão em comprimento, largura e profundidade constitui a natureza da substância corpórea" (*Princípios da Filosofia*, art. 53).

estabelecer a distinção entre extensão material e inteligível, o autor visa dissociar extensão e matéria, aproximando a extensão da imensidão divina: a extensão inteligível é a representação de Deus enquanto participável pela matéria, um termo mediador que estabelece uma ponte entre Criador e criatura: "Mas tu deves distinguir duas espécies de extensão, uma inteligível e outra material. A extensão inteligível é eterna, imensa, necessária. É a imensidão do Ser Divino enquanto infinitamente participável pela criatura corporal, enquanto representativo de uma matéria imensa, numa palavra, é a ideia inteligível de uma infinidade de mundos possíveis. É o que o teu espírito contempla quando pensas no infinito. É por essa extensão inteligível que tu conheces este mundo visível: porquanto o mundo que Deus criou é invisível por si mesmo. A matéria não pode agir sobre o teu espírito, nem representar-se-lhe. Ela só é inteligível através da sua ideia, que é a extensão inteligível"[209].

A extensão inteligível desempenha uma função axial no sistema de Malebranche, estabelecendo a continuidade entre ciência, filosofia e teologia: noção primeira da ciência físico-matemática, ela remete para a imensidão divina, ao mesmo tempo que assinala o caráter fundamentalmente receptivo do nosso modo de conhecer. Efetivamente, ela coloca o nosso espírito finito perante *uma ideia infinita, cuja realidade objetiva excede a medida do nosso entendimento*: "Não devo agora explicar-vos tudo isto mais exatamente. Considerai unicamente que é forçoso que essa ideia de uma extensão infinita tenha muita realidade, já que não podeis compreendê-la e que, seja qual for o movimento que deis ao vosso espírito, não podeis percorrê-la toda. Considerai que não é possível que ela seja uma modificação dele, já que o infinito não pode ser atualmente a modificação de algo de finito. Dizei a vós mesmo: o meu espírito não pode compreender esta vasta ideia. Não pode medi-la. Portanto, ela ultrapassa-o infinitamente. (…) O meu espírito não pode medir essa ideia: logo, ele é finito e ela é infinita. Pois o finito, por muito grande que seja, aplicada

---

[209] Malebranche, N. *Meditações cristãs e metafísicas*, IX, 9, p. 114.

ou repetido até onde se quiser, não pode nunca igualar o infinito"²¹⁰. Como é bem visível, a extensão inteligível é um análogo da imensidão divina, com a qual se não identifica. Ela corresponde ao modo pelo qual apreendemos o infinito, que constitui o primeiro objeto do nosso pensamento, no qual e pelo qual podemos ver qualquer objeto possível²¹¹. Pensar é mover-se no seio do infinito, da razão universal, na qual estão encerradas todas as ideias ou essências das coisas. Se todo o ato de pensante é particular, a sua efetividade pressupõe a ligação a algum tipo de universal.

O conhecimento supõe a presença imediata do objeto ao sujeito e, mais do que isso, a eficácia do objeto sobre o sujeito. Daí a necessidade de *ideias representativas* para que o conhecimento das coisas materiais seja possível²¹², já que estas não podem estar presentes ao espírito e muito menos agir sobre ele. O espírito só pode unir-se ao inteligível, pelo que a ideia é "o objeto imediato do pensamento", segundo uma fórmula recorrente na obra malebrancheana.

A ideia não é o produto do ato pensante ou um conceito forjado pelo espírito: é uma entidade inteligível, uma coisa real que pode apresentar-se ao espírito e iluminá-lo²¹³. Por seu intermédio elucida-se o fato aparentemente paradoxal de que nós vemos objetos que são intrinsecamente opacos. A função da ideia é trazer à luz esses objetos: "Toda a gente está de acordo em que não percepcionamos (*apercevons*) os objetos que estão fora de nós por si

---

²¹⁰ *Entretiens*, I, § 8, Œuvres, XII-XIII, p. 43.
²¹¹ "Mas não só o espírito tem a ideia do infinito, ele tem-na inclusive antes da do finito. Pois nós concebemos o ser infinito pelo simples fato de concebermos o ser, sem pensar se ele é finito ou infinito. Mas, a fim de podermos conceber um ser finito, é forçosamente necessário extrair qualquer coisa desta noção geral do ser, a qual por conseguinte deve preceder." (*Recherche de la vérité*, III, II, VI, Œuvres, I, p. 441).
²¹² "Mas, suposto que as coisas que estão fora da alma não podem estar-lhe intimamente unidas, só por meio de ideias podemos percebê-las" (*Recherche de la vérité*, III, II, I, 1, Œuvres, I, p. 415).
²¹³ Acerca da teoria malebrancheana das ideias e, mais genericamente, acerca da sua gnosiologia, a obra de referência continua a ser: Gaonach, J.M. *La théorie des idées dans la philosophie de Malebranche*, Brest, 1908.

próprios. Vemos o sol, as estrelas e uma infinidade de objetos fora de nós; e não é verosímil que a alma saia do corpo e vá, por assim dizer, passear-se nos céus, para aí contemplar todos esses objetos. Ela não os vê em si próprios, e o objeto imediato do nosso espírito, quando vê o sol, por exemplo, não é o sol, mas qualquer coisa que está intimamente unida à alma; é o que eu chamo ideia. Assim, pela palavra *ideia* não entendo aqui outra coisa senão aquilo que é o objeto imediato ou o mais próximo do espírito, quando ele percepciona (*aperçoit*) algum objeto, ou seja, aquilo que o toca e modifica o espírito com a percepção que ele tem de um objeto.

É preciso notar bem que, a fim de que o espírito aperceba algum objeto, é absolutamente necessário que a ideia desse objeto lhe esteja atualmente presente. Não é possível duvidar disso. Mas não é necessário que exista fora algo de semelhante. Porque acontece muito frequentemente que nos apercebemos de coisas que não existem e, mesmo, não existiram nunca; de maneira que temos muitas vezes no espírito ideias reais de coisas que nunca existiram. Quando, por exemplo, um homem imagina uma montanha de ouro, é absolutamente necessário que a ideia dessa montanha esteja realmente presente ao seu espírito."[214]

O conhecimento pressupõe uma *relação presencial* entre aquele que conhece e a coisa conhecida. Eu só posso conhecer objetos como o sol e as estrelas na medida em que eles estão presentes ao meu espírito. Ora, *qual o modo dessa presença?*

Sob esse aspecto, não há diferença entre um objeto afastado e um objeto próximo, como esta mesa sobre a qual trabalho. Ambos me estão presentes do único modo de presença concebível para um espírito: por uma *presença objetiva*, não local. O espírito não se move no espaço, de encontro a objetos próximos ou longínquos, pela simples razão de que ele não pode passar-se por onde quer que seja, o movimento local é absolutamente heterogêneo ao

---

[214] Malebranche, N. *Recherche de la vérité*, III, II, I, 1, Œuvres, I, pp. 413-414.

espírito. Trata-se de uma consequência do dualismo estrito assumido por Malebranche. A inteligência só se liga a objetos inteligíveis. Por conseguinte, estar presente objetivamente significa para o autor estar presente por ideia.

Representar é um plano do ser. É o próprio inteligível, não enquanto tal, em si, mas enquanto referido a alguma outra coisa, real ou possível. A fórmula "seres representativos", que Arnauld utiliza para designar as ideias malebranchianas, é correta, se lhe não atribuirmos o estatuto de entidades forjadas pela imaginação desregrada de Malebranche. Ideia é uma essência inteligível enquanto ordenada a representar o sensível.

A força representativa da ideia reside na evidência que a acompanha. Nos termos do autor, a evidência não é um fenômeno psicológico, mas a luminosidade da ideia, que se impõe ao espírito: "Os nossos sentimentos são confusos. São apenas modalidades da nossa alma, que não podem iluminar-nos. Mas as ideias que a razão nos revela são luminosas: a evidência acompanha-as"[215]. Assim, no plano subjetivo, a evidência significa fazer a experiência da passividade originária do espírito na sua relação com a verdade. Os nossos estados internos, dos quais temos experiência imediata, não representam nada de exterior e nem sequer são representativos de si mesmos: "Mas é tão falso que as modalidades da alma sejam representativas de todos os seres que elas não podem sê-lo de nenhum, nem mesmo do que elas são"[216]. Por conseguinte, percepção e representação não jogam uma com a outra: "Percepções representativas são duas palavras que não combinam bem"[217].

Estamos no cerne do diferendo entre Malebranche e Arnauld, cuja filosofia da representação assenta precisamente na representatividade da percepção ou do ato pensante enquanto tal.

---

[215] *Entretiens*, Œuvres, XII-XIII, p. 86.
[216] *Recherche de la vérité*, Œuvres, II, p. 97.
[217] *Recueil de toutes les réponses à Monsieur Arnauld*, Œuvres, VIII-IX, p. 920.

3. Arnauld e a representatividade do pensar

ARNAULD É O PATRIARCA DO CÍRCULO JANSENISTA DE PORT-ROYAL, que se opõe vigorosamente à nova moral jesuítica e à antropologia otimista que lhe está subjacente, afirmando que o pecado de Adão afetou decisivamente a natureza da espécie humana, cuja salvação depende em absoluto da graça. No estado natural, entregue a si próprio e às suas faculdades, o homem é visceralmente incapaz de qualquer ação meritória. A razão não é um bom guia em questões morais, que devem colocar-se sob a jurisdição exclusiva de instâncias teológico-eclesiásticas.

 A religiosidade de Port-Royal incentiva a animosidade contra a filosofia. Sob este aspecto, se bem que estabelecendo uma fronteira muito marcada entre filosofia e teologia de modo a evitar a contaminação de uma pela outra, Arnauld demarca-se dos seus colegas jansenistas, assumindo o cartesianismo como arma de combate contra os desvios doutrinais dos jesuítas e do oratoriano Malebranche. Sobretudo contra este, que se reclama de inspiração cartesiana. Reconhecendo a coerência do pensamento filosófico-teológico de Malebranche, Arnauld intenta destruir as bases filosóficas para assim desacreditar as suas doutrinas teológicas. A extrema violência do embate deve-se à importância que ambos os contendores atribuem àquilo que está em jogo. O alvo privilegiado da ofensiva de Arnauld é a "nova filosofia das ideias", proposta por Malebranche, que fornece ao Teólogo jansenista a oportunidade para elaborar uma filosofia da representação original, sistematicamente elaborada em *Des vraies et des fausses idées* (1683)[218], mas que se encontra já embrionariamente presente na produção filosófica inicial do autor, nomeadamente nas (quartas) *Objeções* contra as *Meditações* cartesianas (1641).

 Um tópico central da crítica arnaldiana é justamente a do estatuto da ideia e sua relação com a coisa representada. Na terceira *Meditação*, Descartes

---

[218] Arnauld, A. *Des vraies et des fausses idées*, Paris, Fayard, 1986. A obra será referida como VFI.

assume a distinção tradicional entre realidade formal (aquilo que a coisa é em si mesma) e realidade objetiva (o que ela é para o entendimento que a apreende), afirmando que nas ideias "se observa apenas a realidade objetiva (*consideratur tantum realitas objetiva*)"[219]. Por conseguinte, a ideia é um *modo imperfeito* de existência (*modus essendi imperfectus*), "mediante o qual a coisa está objetivamente no entendimento, mas não um puro nada (*quo res est objetive in intellectu per ideam, non tamen profecto plane nihil est*)"[220], e daí a pergunta pela sua causa, na qual esteja contida formal ou eminentemente a realidade por ela representada[221].

A questão coloca-se relativamente aos entes de razão, como sejam as negações e privações. Se considerarmos o frio como a simples ausência de calor, o que representa então a ideia frio ou tal ideia não existe, sendo um termo vago e desprovido de significação? A formulação cartesiana põe a nu a dificuldade: "E porque nenhumas ideias podem ser senão das coisas, se é efetivamente verdade que o frio mais não é do que a privação de calor, a ideia que mo representa como algo real e positivo, chamar-se-ia fundamente falsa e o mesmo no que respeita às demais"[222]. A ideia que representa o frio como se ele tivesse realidade própria, formal, é errada. Porquê? Porque o próprio frio é, enquanto tal, uma realidade objetiva, ou seja, é o modo pelo qual eu apreendo e dou sentido à ausência de calor. É a ideia de algo que eu apreendo em termos de ser, mas que não é positivamente um ser.

---

[219] *Meditationes*, III, AT VII, p. 41.
[220] *Ibid.*
[221] "[...] e não pode [a ideia] provir do nada (*nec proinde a nihilo esse potest*)" (*Ibid.*). Nos *Princípios da Filosofia* é retomada esta relação entre a realidade objetiva da ideia e a causa respectiva, excluindo a mera consideração imanente da ideia: "Além disso, considerando as ideias que em nós temos, vemos sem dúvida que elas, na medida em que são certos modos de pensar, não diferem muito umas das outras; mas que são completamente diferentes na medida em que uma representa uma coisa e outra representa outra; e que, quanto mais perfeição objetiva contêm, tanto mais perfeita deve ser a causa das mesmas." (DESCARTES, *Princípios da Filosofia*, art., XVII, ed. L. Ribeiro dos Santos, p. 63)
[222] *Meditationes*, III, AT VII, p. 44.

Como sempre, a crítica de Arnauld é absolutamente certeira: "O que é, então, a ideia do frio? O próprio frio na medida em que ele está objetivamente no entendimento (*Frigus ipsum quatenus est objetive in intellectu*). Mas se o frio é privação, não pode estar objetivamente no entendimento por ideia, cujo ser objetivo é um ente positivo. Portanto, se o frio é só privação, não poderá nunca haver uma ideia positiva dele"[223]. O jovem Teólogo e Professor da Sorbonne, que inicia a docência no mesmo ano em que redige as Objeções às *Meditações* cartesianas (1641), dá um sentido novo à locução ser objetivo: *o ser objetivo que está contido na ideia é um ente positivo*, isto é, que tem alguma forma de atualidade. Trata-se de uma inovação decisiva em face da tradição que culmina em Suárez, a que Descartes permanece fiel: o ser objetivo é o correlato do pensar objetivante pelo qual visamos o ser, mas não tem qualquer realidade positiva ou formal. Daí a observação do autor das *Meditações* nas suas respostas: a objeção Arnauld remete para a ideia considerada formalmente (*formaliter sumpta*)"[224], ao passo que, para Descartes, ela é uma entidade meramente intencional ou objetiva, *um certo sentido* e nada mais: "Assim, se o frio é apenas uma privação, a ideia do frio não é o próprio frio na medida em que ele está objetivamente no entendimento (*frigus ipsum, prout est objetive in intellectu*), mas alguma outra coisa que incorretamente se toma por essa privação; a saber, é um certo sentido que não tem nenhum ser fora do entendimento (*est sensus quidam nullum habens esse extra intellectum*)"[225].

O ponto fulcral de divergência entre Descartes e Arnauld reside em que, para o primeiro, realidade objetiva e realidade formal são planos distintos do real, ao passo que, para o segundo, são dois modos de ser de uma mesma coisa: sujeito de inerência de predicados; essência ou natureza inteligível. VFI prosseguirá esta via.

---

[223] AT VII, p. 206.
[224] AT VII, p. 232.
[225] AT VII, p. 233.

Logique ou l'art de penser (1661), de Arnauld e Nicole, inscreve a representação no cerne do pensar. De fato, a primeira e a mais básica das operações do espírito, a concepção, é a visão intelectual de uma ideia representativa de alguma coisa:

"Chamo *conceber* à *simples visão* (*vue*) que temos das coisas que se apresentam ao nosso espírito, como quando *nos representamos* um sol, uma árvore, um redondo, um quadrado, o pensamento, o ser, sem formar expressamente nenhum juízo. E a forma pela qual nos representamos essas coisas chama-se *ideia*."[226]

O que se me afigura decisivo é que a concepção se desenrola na esfera da *pura imanência*, sendo representativa por si própria: concebemos as coisas quando no-las representamos (*nous nous representons*), isto é, quando as visamos intencionalmente. Ao contrário de Malebranche, a iniciativa está inteiramente do lado do pensante.

VFI fornece o quadro sistemático da filosofia arnaldiana da representação, na qual a representação "não é um efeito exterior do pensamento, mas o próprio pensamento"[227]. A coerência da obra reside na articulação de duas teses capitais: a representatividade faz parte intrínseca do pensar; objetividade e realidade, isto é, o modo de presença da coisa ao sujeito e a sua natureza efetiva, identificam-se perfeitamente[228].

Arnauld assume a exigência cartesiana de clareza e distinção, bem como o caráter axiomático do *cogito*, que reformula no sentido de o despojar da sua carga metafísica e lhe conferir uma significação eminentemente gnosiológica. Tratando-se de noções estreitamente ligadas, a reformulação do *cogito* é acompanhada pela reformulação da noção de pensamento. Efetivamente,

---

[226] Arnauld & Nicole. *La logique ou l'art de penser contenant, outre les règles communes, plusieurs observations nouvelles propres à former le Jugement*, Amsterdam, 1771, p. 37.
[227] Foucault, M. *Les mots et les choses*, Paris, Gallimard, 1966, p. 93.
[228] Como perspectiva geral sobre a gnosiologia de Arnauld, *vide* Ndiaye, A. R. *La philosophie d'Antoine Arnauld*, Paris, Vrin, 1991.

na III *Meditação*, Descartes distribui os pensamentos (*cogitationes*) por dois planos distintos: "Alguns destes [pensamentos] são como que imagens das coisas (*imagines rerum*), aos quais unicamente convém o nome de ideia: tal como quando penso num homem ou numa quimera ou no céu ou num anjo ou em Deus. Outros, porém, têm outras formas: tal como quando quero, quando temo, quando afirmo, quando nego (...) e destes uns chamam-se vontades ou afetos, e outros, juízos"[229]. A noção cartesiana de pensamento recobre, pois, o âmbito intelectivo, mas também o afetivo-volitivo. Arnauld exclui este segundo âmbito, conferindo ao pensar um sentido objetal: pensar é pensar em alguma coisa, visar um objeto: "Tal como, por conseguinte, é claro *que eu penso*, é também claro que eu penso em alguma coisa. Com efeito, o pensamento é essencialmente isso. E assim, não podendo haver pensamento ou conhecimento sem objeto conhecido, não posso perguntar mais a mim próprio a razão por que penso em alguma coisa do que porque penso, sendo impossível pensar sem pensar em alguma coisa."[230]

Reduzido à atividade cognitiva, o espírito caracteriza-se pela sua capacidade de conter em si objetivamente as coisas: "Ora, esta *maneira de estar objetivamente no espírito* é tão particular ao espírito e ao pensamento, como sendo o que constitui particularmente a sua natureza, que em vão se procuraria algo de semelhante em tudo o que não é espírito e pensamento"[231]. A clareza da fórmula "estar objetivamente no espírito" é enganadora, como o próprio Descartes adverte (AT VII, p. 103). Consciente disso, Arnauld explicita o sentido que lhe atribui: "Digo que uma coisa está *objetivamente no meu espírito quando a concebo*. Quando concebo o sol, um quadrado,

---

[229] AT VII, p. 37. Descartes reafirma a mesma noção nas *Segundas Respostas* (AT VII, p. 160) e nas *Terceiras* (AT VII, p. 181).
[230] VFI, cap. I, p. 22.
[231] VFI, cap. V, p. 45.

um som, o sol, o quadrado, esse som estão objetivamente no meu espírito, quer eles existam ou não fora do meu espírito"²³².

Arnauld concorda com a tese da necessidade da presença do objeto ao sujeito para que ele possa ser conhecido. Considera, todavia, que tal presença foi em geral mal interpretada, como presença física ou local. Segundo o Teólogo jansenista, um dos erros de Malebranche reside precisamente na aceitação desse preconceito, longamente estabelecido²³³. Daí a insistência no caráter meramente objetivo da presença da coisa conhecida: "Não foi preciso mais para eles [os homens em geral] transformarem num princípio certo a máxima seguinte: que pelo nosso espírito nós apenas vemos os objetos que estão presentes à nossa alma. O que não entenderam como uma *presença objetiva*, segundo a qual uma coisa só está objetivamente no nosso espírito porque o nosso espírito a conhece, de maneira que é exprimir uma só e mesma coisa por palavras diferentes dizer que uma coisa está objetivamente no nosso espírito (e por conseguinte *lhe está presente*) e que ela é conhecida pelo nosso espírito. Não foi assim que eles entenderam a palavra presença, mas como uma presença prévia à percepção do objeto"²³⁴. As coisas materiais não constituem exceção, sob este aspecto: elas estão presentes ao espírito da única maneira concebível, ou seja, objetivamente, não por qualquer tipo de imagens ou espécies intencionais (*Ibidem*). Por conseguinte, o conhecimen-

---

²³² VFI, cap. V, p. 44.
²³³ "O segundo falso sentido [da presença do objeto] é que tomaram grosseiramente esta *presença* por uma *presença local*, tal como aquela que convém aos corpos: como transparece (paroit) suficientemente pelo próprio autor de *A procura da verdade*, que faz consistir a dificuldade que a alma teria para ver o sol por si própria no fato de ele estar tão afastado e de não ser verosímil que ela saia do corpo para ir encontrar o sol no céu. Ele considera, portanto, *o afastamento local* como um obstáculo que põe um corpo fora do alcance da vista do nosso espírito. Logo, é também uma *presença local* que ele crê necessária a fim de que o nosso espírito veja os seus objetos." (VFI, cap. VIII, p. 69).
²³⁴ VFI, cap. IV, pp. 34-35.

to das coisas materiais não é sensível, mas intelectual: "conhecemo-las por intelecção pura" (VFI, cap. 11, p. 98)[235].

A intuição ou percepção intelectual, que se opera na imanência do pensante e que Descartes reservara apenas às noções primitivas ou sementes da verdade, é generalizada por Arnauld a todo o pensar. Quer isto dizer que o entendimento se relaciona imediatamente com os seus objetos, sem qualquer tipo de mediador: "Mas, como o meu objetivo principal neste capítulo é destrinçar o equívoco da palavra *imediatamente*, declaro aqui que, se por conceber *imediatamente* o sol, um quadrado, um número cúbico, se entende o oposto de os conceber por meio das ideias tal como as defini no capítulo anterior, isto é, mediante ideias não distintas das percepções, estou de acordo que os não vemos *imediatamente*. Porque é mais claro que o dia que os não podemos ver, percepcionar, conhecer senão mediante as percepções que deles temos, seja qual for a maneira como as temos. Mas é igualmente claro que isso não é menos verdade acerca da maneira como concebemos Deus e a nossa alma do que daquela como concebemos as coisas materiais. Se, efetivamente, por não os conhecer *imediatamente* se entender não os poder conhecer senão mediante *seres representativos* distintos das percepções, eu pretendo que, de acordo com esse sentido, é não só *mediatamente* mas também *imediatamente* que podemos conhecer as coisas materiais bem como Deus e a nossa alma, ou seja, que podemos conhecê-los sem que haja nenhum mediador (*aucun milieu*) entre as nossas percepções e o objeto"[236].

A relação do entendimento é com os seus ideatos, não com entes que possam corresponder-lhes: a significação quadrado ou sol, por exemplo, não se constitui por referência a algo extrínseco ao ato pensante. Na linguagem do século XVII, que é a de Arnauld, percepção e ideia são uma e a mesma

---

[235] Os objetos materiais não produzem impressões ou qualquer outro modo de ação sobre o sujeito. Eles são inteligíveis no sentido em que têm a "faculdade passiva" de serem vistos (VFI, cap. 10, p. 80).
[236] VFI, cap. VI, p. 60.

coisa. É esse o mote de VFI: "Tomo igualmente pela mesma coisa a ideia de um objeto e a percepção de um objeto"[237]. Ao invés da teoria malebranchiana da visão em Deus, Arnauld assume a percepção intelectual como visão das ideias que fazem parte da constituição do espírito ou são produzidas pela sua atividade[238]. Inteligência e inteligível ajustam-se perfeitamente.

Reconduzida à esfera da pura imanência, como é que a percepção representa as coisas materiais e a realidade em geral, se as respectivas ideias são objeto de uma simples intuição intelectual? Estamos ou não em face de um solipsismo gnosiológico? Por outras palavras, onde funda Arnauld a tese de que a ideia "contém objetivamente o que está formalmente no objeto"[239]? Essa é efetivamente a questão nodal: qual o fundamento da representatividade das ideias? Aparentemente, Trata-se de uma afirmação dogmática, assente num pretenso consenso universal: "Para toda a gente, as nossas percepções são representações formais dos objetos nos quais pensamos"[240].

Em linguagem kantiana, a filosofia da representação elaborada por Arnauld é a expressão mais genuína do dogmatismo gnosiológico, ao assumir como um fato primitivo e inquestionável a identidade entre pensar e conhecer: "a natureza do espírito consiste em apreender os objetos", "é ridículo perguntar donde deriva que o nosso espírito percebe os objetos"[241].

Por definição, "Pensar, conhecer, percepcionar são a mesma coisa"[242]. Tal significa que o objeto visado pelo pensamento é a própria coisa na sua

---

[237] VFI, cap. V, p. 44. Esta identidade tem o estatuto de uma verdade axiomática, visto tratar-se de uma definição que vai ser recorrentemente usada como princípio nas demonstrações ao longo da obra.
[238] É esse o tema do capítulo XXVII de VFI, "Sobre a origem das ideias". O que está em causa não é qual a fonte das nossas ideias, mas quem é de fato o seu autor: se elas são produzidas pela nossa inteligência ou se constituem um mundo próprio, independente do ato pensante.
[239] VFI, cap. VI, p. 54.
[240] *Defense de Mr. Arnauld*, Œuvres, tomo 38, p. 402.
[241] VFI, cap. II, p. 24.
[242] VFI, cap. V, p. 44.

presença inteligível ou objetiva. Inteligibilidade e objetividade ajustam-se perfeitamente[243]. A atividade perceptiva ilumina o objeto, que, em si mesmo, é passivamente inteligível. A visão é activa, espontânea. A espontaneidade do pensamento garante a sua adequação ao objeto. Por conseguinte, *o fundamento da representatividade da ideia é intrínseco ao pensar*, que é formalmente representativo, pela sua eficácia própria.

Ao invés da perspectiva malebranchiana, a evidência é, para Arnauld, um requisito essencial da percepção intelectual, a única que nos é dada, já que "a alma tem a faculdade de ver todas as coisas"[244], ao passo que "os olhos corporais não veem nada"[245]. *A evidência é um fenômeno interno à consciência enquanto capacidade de representar todo e qualquer objeto*: "É a clareza de que as nossas percepções são representativas dos objetos que faz a clareza de que o todo é maior que a parte: só é claro que o todo é maior que a parte porque isso nos é representado pelas nossas percepções ou pelas nossas ideias entendidas como percepções"[246]. A evidência da matemática, do primeiro axioma de Euclides, não é intrínseca ao próprio axioma, ela deriva da evidência da representatividade das nossas ideias-percepções.

Ao proceder assim, Arnauld aprofunda a coerência da doutrina, essencial ao cartesianismo, da criação das verdades eternas. Não há inteligibilidade em si, e *esta inteligibilidade* instituída pela onipotência divina encontra-se perfeitamente ajustada à minha inteligência. Ao criar substâncias pensantes, Deus dotou-as com a capacidade de conhecer o real, em qualquer das suas modalidades. Ao pensar corretamente, o homem assume o papel de "espectador

---

[243] Acerca da noção arnaldiana de objetividade, que inaugura o sentido que este termo assumiu na epistemologia a partir do século XVIII, vide Cardoso, A. "O conceito de Objetividade em Antoine Arnauld", *in* SANTOS, L. R. (Ed.). *Kant: Posteridade e Atualidade*, Lisboa, Centro de Filosofia da Universidade de Lisboa, 2006, pp. 163-172.
[244] VFI, cap. VIII, pp. 67-68.
[245] VFI, cap. VII, p. 63.
[246] *Defense de Mr. Arnauld*, Œuvres, tomo 38, p. 384.

e admirador das obras divinas", um espectador ativo, que "tem a certeza de que a sua alma vê todas as coisas"[247].

4. Conclusão

NO QUE RESPEITA À REPRESENTAÇÃO, A CONTROVÉRSIA ENTRE Arnauld e Malebranche atinge o cerne do pensar e o modo como este se relaciona com os seus objetos.

Malebranche assume a representação como uma modalidade do conhecimento pela qual a inteligência apreende os objetos do mundo material, inapelavelmente opacos e inteligíveis, "invisíveis" em si mesmos. As ideias mediante as quais os representamos são condição da sua inteligibilidade. A par do conhecimento por representação, o filósofo oratoriano reconhece a existência de outras modalidades de conhecimento, entre as quais se destacam a intuição racional e a consciência, que se caracterizam pela imediatez da relação entre sujeito e objeto, dispensando uma instância representativa a fazer a mediação entre eles.

Arnauld considera uma única modalidade de conhecimento: a intuição racional, em que o sujeito apreende imediatamente o objeto visado, que é a estrutura inteligível da própria coisa. A representação torna-se, pois, o caráter fundamental do pensar: a evidência subjetiva intrínseca ao ato pensante funda a representatividade, dispensando o recurso ao plano teológico-metafísico, à maneira malebranchiana.

Em síntese, nesta controvérsia está em jogo não só a natureza do pensamento mas também a reordenação do campo da *mathesis*.

---

[247] VFI, cap. VIII, pp. 67-68.

VII
Percursos da Individualidade: do Indivíduo ao Sujeito

1. A matriz suareziana: o indivíduo é o todo

A PROBLEMÁTICA DO INDIVÍDUO, SEU ESTATUTO ONTOLÓGICO e gnosiológico, já presente na filosofia grega, sobretudo aristotélica, foi um dos temas maiores da escolástica medieval, que deu uma ênfase particular ao princípio de individuação. Tais debates inscrevem-se no *modo aristotélico de posição da questão: o indivíduo é o último termo de um processo de divisão*. A marca distintiva da individualidade é, pois, a indivisibilidade: o indivíduo é átomon. Daí o adágio medieval segundo o qual o indivíduo é "indiviso e separado dos outros" (*indivisum in se et a quolibet alio ente divisum*). Assim concebido, o indivíduo é identificado com a *substância primeira*, o ser na plena acepção do termo. No entanto, *ao primado ontológico do indivíduo corresponde a sua ininteligibilidade enquanto tal*, já que "não há definição nem demonstração das coisas sensíveis singulares"[248]. Como bem mostra A. P. Mesquita, a inteligibilidade do indivíduo advém-lhe mediante a sua inserção numa classe geral[249].

---
[248] Aristóteles, *Metafísica*, VII, 1039b 27-28.
[249] Mesquita, A. P. *O indivíduo. Contributo para uma definição do conceito.* Tese de doutoramento. Lisboa, Faculdade de Letras, 2002, pp. 11-12.

Dentre os medievais, julgo que o procedimento de Duns Escoto se revela exemplar a este respeito. *O indivíduo singular é inteligível, mas não naquilo que constitui o intrínseco da sua individualidade*: a entidade quiditativa, que faz a mediação entre a essência e o indivíduo, esgota tudo o que é possível saber a respeito deste[250].

Na transição para a modernidade, altera-se, conjuntamente, a noção de indivíduo e o seu modo de abordagem. Diferentemente da visão aristotélico-escolástica, em que o indivíduo é o último termo de um processo de divisão, ele vai ser assumido como uma estrutura original, o caráter próprio do ser efetivamente real, indagando-se a inteligibilidade imanente ao seu processo de constituição e desenvolvimento. As *Disputationes Metaphysicae* (1597) de Francisco Suárez marcam o ponto de transição no que respeita à temática da individualidade e, mais genericamente, ao cerne da metafísica[251]. De fato, o essencial do trabalho de Suárez não é a transmissão que ele faz de pensamentos mais antigos, mas a reformulação do núcleo fundamental da metafísica, nomeadamente da noção de ser e da articulação entre ser e pensar. Do ponto de vista suareziano, a noção genérica de ser faz todo o sentido e representa mesmo o ponto de partida da inquirição metafísica. No entanto, essa noção é um *conceito objetivo* que apela a um questionamento radical. O

---

[250] Cf. Cardoso, A. *O trabalho da mediação no pensamento leibniziano*, Lisboa, Colibri, 2005, pp. 57-63.
[251] Sob este aspecto, discordo da posição de J.-F. Courtine, para quem a obra suareziana representa a simples passagem entre um antes e um depois irremediavelmente cindidos um do outro: "Neste sentido, as *Disputationes* representam menos uma obra de 'transição' — nem inteiramente medieval nem inteiramente moderna, nem inteiramente 'escolástica' nem inteiramente 'humanista' — do que uma obra de passagem, propriamente falando, ou seja, uma obra que veicula e que deforma também necessariamente, entregando-os aos 'vindouros', pensamentos mais antigos; numa palavra, é, em todos os sentidos do termo, uma obra *tradicional*, por conseguinte, uma obra que seguramente trai os seus antecessores e que a sua posteridade só poderá, pelo seu lado, interpretar e reanimar segundo uma certa violência e, portanto, com toda a infidelidade" (COURTINE, J.-F. *Suarez et le système de la métaphysique*, Paris, PUF, 1990, p. 247)

conceito objetivo de ser é inteligível, mas é um conceito ideal, vazio, ao qual não corresponde *um* ser.

A compreensão adequada da metafísica de Suárez pressupõe a elucidação precisa da noção de conceito objetivo de ser enquanto requisito de construção da metafísica respectiva. Para tal, julgo ser exemplarmente elucidativa a distinção entre o conceito objetivo de ser e os entes de razão. Entre a 2ª Disputa e a 54ª não se fecha um círculo, mas constrói-se um edifício e traça-se um limite, uma espécie de fronteira que assinala o acabamento da obra e ao mesmo tempo a sua necessária limitação. Entre duas noções à primeira vista aparentadas vai a distância que existe entre dois conceitos heterogêneos. Ao passo que o conceito objetivo de ser responde a um dispositivo originário da nossa inteligência, ao *habitus* intrínseco de todo o pensar, o ente de razão é aquele limite em que o pensar se revela visceralmente inadequado a pensar o que em rigor lhe é exterior: as negações e as privações[252].

Parte-se de uma evidência primitiva, ou de uma experiência fundadora de toda a ordem do pensar e que é esta: o pensar está intrinsecamente ordenado ao ser. *Pensar é visar algo enquanto ser*. Por si mesmo, o nada é impensável. Quer isto dizer que o conceito de ser não resulta de um trabalho de abstração e comparação do espírito, não é um efeito do exercício da inteligência, mas o seu habitat e condição desse mesmo exercício. É neste sentido que o conceito de ser é o mais universal e o mais simples (*Disputationes*, II, I, 9): é que, enquanto objeto imediato e adequado que a inteligência visa pelo seu ato puramente formal, ele é inteiramente isento de pressupostos e, por sua vez, está implicado, a título de pressuposto em todo o pensar determinado. Efetivamente, a pergunta pelo ser *ut sic* faz sentido na medida em que a pergunta pelo ser enquanto *tal ser* só é inteligível mediante um conceito por si mesmo significativo do *ser* como conceito comum, que é o correlato do

---

[252] Acerca da distinção entre conceito objetivo de ser e ente de razão, vide Cardoso, A. "A identidade como categoria dinâmica no pensamento de F. Suárez", *Análise* 18 (1995), pp. 38-40.

próprio ato intelectivo, anteriormente à consideração daquilo que é especificamente visado neste ou naquele ato particular.

O conceito objetivo de ser é o correlato do ato pelo qual a inteligência se interroga pelo ser. Tal significa que tudo o que pode ser pensado é *ser* e também que o ser enquanto tal não é uma entidade em sentido metafísico. Dizer de um ser que ele é não é uma determinação própria sua, porquanto ser é o traço comum. Isto significa que não há um princípio geral único do qual se derive a particularidade. Assim, *o conceito objetivo de ser define o quadro mais geral do pensável, mas não constitui o objeto adequado da metafísica, que é o ente enquanto real* (*ens in quantum ens reale*) (*Disputationes*, I, I, 26). Ora, como se articulam estes dois planos: o do ser objetivo e o do ser real? Como se opera a passagem de um ao outro? Na interpretação que proponho, *ens objetivum* é o correlato do ato intelectivo, mas não aquilo que é realmente visado neste. Como explanei mais desenvolvidamente[253], o conceito objetivo de ente é um modo inadequado de visar o real, isto é, a potência enquanto ordenada ao ato ou a *essência real*. Por seu lado, esta não é uma entidade genérica, ela é *singular*, na qualidade de forma do todo (*forma totius*) (*Disputationes*, XV, XI, 4).

Desafiando a maneira habitual de pensar no seu tempo e também no nosso, Suárez afirma a tese de que o singular é o todo no qual se inclui o universal como sua parte, não o inverso. Esta tese, já presente no *Tractatus primus*[254], é amplamente explicitada na secção I da disputa XXXIII, a propósito da distinção entre substância completa e incompleta. Em sentido preciso, só o indivíduo é uma substância completa (*solum individuum esse substantiam metaphysice completam*)[255], a qual é necessariamente um certo todo

---

[253] Cardoso, A. "A transformação suareziana da metafísica", *in* Calafate, Pedro. *História do Pensamento Filosófico Português*, 2º vol., Lisboa, Ed. Caminho, 2001, pp. 561-575.
[254] Suárez, F *Opera Omnia*, Paris, L. Vivès, tomo I, p. 212.
[255] *Disputationes*, XXXIII, I, 18.

(*totum quoddam*)[256], no qual se inclui a espécie e o gênero. Assim, cada ser individual inclui na sua entidade a totalidade da significação ser, a qual, por seu lado, dada a sua incompletude e indeterminação, não exprime nenhum verdadeiro ser na sua entidade completa. A noção comum de ser ou o ser tomado na sua acepção universal não tem um correlato entitativo próprio: não há um ser cuja realidade seja adequadamente expressa pelo termo *ens*. Nos termos do Exímio: "se se chama universal entitativo àquele que existe na própria realidade, não existe nenhum universal desta classe"[257]. É assim pela própria *razão* do universal. Suarezianamente, o universal define-se pela comunicabilidade[258], ou seja, pela aptidão a ser em muitos por identidade com cada um deles[259]: cada entidade real é plenamente ser; ser diz abstrata e inadequadamente cada entidade real. Não há, pois, uma entidade própria do universal: o ser enquanto tal não é apto a ser por si, só o singular é apto a existir por si[260]. *Universal e singular não são duas entidades distintas, mas dois planos solidários de toda a entidade real*: o singular é a entidade completa, com a totalidade das suas determinações, o universal é a entidade incom-

---

[256] "Requiritur ergo ad rationem substantiae completae quod sit totum quoddam, non pars" ("Logo, para a razão de substância requer-se que ela seja um certo todo e não uma parte" - DM XXXIII, I, 10).

[257] *Disputationes*, VI, VIII, 2.

[258] A distinção entre o universal e o singular reside precisamente em que o primeiro é comunicável e o segundo incomunicável: "Com efeito, denomina-se comum ou universal aquilo que segundo alguma razão única se comunica a muitos, ou se encontra em muitos; denomina-se, porém, numericamente uno ou singular e individual aquilo que é de tal modo um ente que, segundo aquela razão entitativa (*entis rationem*) pela qual é dito uno, não seja comunicável a muitos, como inferiores e subordinados a si, ou que naquela razão são muitos" (*Disputationes*, V, I, 2).

[259] Aquilo que Suárez diz da natureza universal da humanidade aplica-se, por maioria de razão, ao *ens ut sic*: "a natureza universal não existe em muitos a não ser por identidade com cada um deles" (*Disputationes*, VI, IV, 4).

[260] "Por conseguinte, assim explicada a razão do ente individual ou singular, deve dizer-se que todas as coisas que são entes atuais ou que existem ou podem existir imediatamente, são singulares e individuais. Digo imediatamente, a fim de excluir as razões comuns dos entes, que, enquanto tais, não podem existir imediatamente nem ter entidade atual a não ser nas entidades singulares e individuais" (*Disputationes*, V, I, 4).

pleta enquanto ela contém uma referência necessária à singularidade. Assim entendido, o singular não é uma particularização do universal, é um todo no qual se inclui o universal, tal como é dito na Disputa V, II, 37: "...com efeito, aquilo que em absoluto constitui e compõe este indivíduo é a sua própria diferença simultaneamente com a natureza comum (*propria eius differentia simul cum natura communi*)".

Se bem interpreto, a noção de *ens objetivum* é perfeitamente coerente com a tese do primado do indivíduo. Tal primado é não apenas metafísico, mas também gnosiológico, pelo que Suárez consuma a tendência inovadora, denunciada por Fonseca[261], visando estabelecer a cognoscibilidade do indivíduo[262]. Ao proceder assim, o Exímio intenta responder àquela que é porventura a mais enredada dificuldade na qual se move a filosofia de inspiração aristotélica, expressa na heterogeneidade entre o real e o inteligível: o ser real na sua acepção plena é a substância primeira, individual; a ciência versa sobre o geral, deixando fora do seu âmbito aquilo que constitui o lado intrinsecamente individual do ente.

A questão que Suárez enfrenta é, antes de mais, uma questão de direito: não se trata de negar a tendência do pensar humano a apreender as coisas por uma via abstrata e generalizante, mas de interrogar, num plano radical, a *legitimidade de uma ciência do indivíduo*. Suarezianamente, o indivíduo é o protótipo da realidade, enquanto só ele é *entitas tota*; é ele que, enquanto todo, inteligibiliza o universal que o integra essencialmente[263].

---

[261] Cf. Fonseca, Pedro. Commentarium Petri Fonseca e D. Theologi Societatis Jesu in libros Metaphysicorum Aristotelis Stagiritae, Roma, Apud F. Zanettum, 1577, Liv. I, cap. II, quaestio II, sec. I, p. 145.

[262] O contraste entre Fonseca e Suárez é, sob este aspecto, flagrante: ao passo que Fonseca considera totalmente supérfluas as *species* das coisas singulares, sendo o conhecimento destas fornecido pelas *species* das naturezas comuns, juntas com os *phantasmata* dos singulares (FONSECA, *Loc. cit.*, p. 148), Suárez prossegue o intento de uma inteligibilidade adequada à coisa singular enquanto tal.

[263] É imensamente significativo que Suárez considere que, de direito, o indivíduo é cognoscível e, mais, que o conhecimento do indivíduo é de um nível mais elevado do que o conhecimento genérico da espécie. A argumentação do Exímio resume-sea três

A individuação opera-se justamente pela *entitas tota* (a entidade inteira), não a matéria ou a forma, mas *o composto* de ambas[264], cuja unidade real *per se* radica na proporção mútua de uma matéria e uma forma mutuamente ajustadas por uma disposição recíproca (*mutua habitudine*) (*Disputationes*, XV, VI, 2). Com efeito, matéria e forma são ambas substâncias incompletas, a matéria enquanto potência e a forma enquanto ato primário da dita potência (*Disputationes*, XV, V, 2). A sua correlação mútua deriva dessa incompletude e ordenação recíproca de matéria e forma, que não podem dar-se uma sem a outra. O ser real natural é, por conseguinte, um composto de matéria e

tópicos: 1) há uma *species* do indivíduo enquanto entidade atualmente existente; 2) esse conhecimento inclui o conhecimento da essência, o qual não acrescenta nada ao conhecimento individual; 3) a relação entre estes dois níveis do conhecimento é de continente/conteúdo, todo/parte. Que a intelecção da *species* individual seja apanágio da inteligência angélica, mas não da humana, não altera a cognoscibilidade *de jure* da entidade individual: "Mas, no que se refere à essência e à existência da coisa singular, já foi mostrado acima, relativamente às coisas alguma vez existentes, que a *species* pela qual o anjo conhece a ambas elas é a mesma, porque a essência da coisa singular existente se não distingue realmente da existência respectiva, e apesar de nós as distinguirmos do ponto de vista formal (*ratione formali*), elas não podem separar-se no conhecimento intuitivo angélico: porquanto, ao intuir, por exemplo o céu de uma maneira perfeita, e tal como ele é em si, conhece-o, e portanto aquela visão é essencialmente quiditativa de tal objeto e, por conseguinte, é um conhecimento da coisa segundo o ser da essência (*esse essentiae*) e simultaneamente um conhecimento da existência, porque é um conhecimento intuitivo. Ora, a *species* mediante a qual se faz tal conhecimento é uma só, logo ela mesma representa suficientemente essa coisa segundo o ser da essência e da existência. Assim, mesmo que porventura tal coisa não exista e, portanto, se conheça abstratamente segundo aquele ser da essência, para o seu conhecimento não é necessária uma *species* distinta da outra, por cujo intermédio se pode conhecer a essência existente intuitiva e quiditativamente, porque aqueles dois conhecimentos estão um para o outro como continente e conteúdo (*se habent ut includens, et inclusum*): efetivamente, o conhecimento perfeito da coisa existente inclui o conhecimento da existência e acrescenta um modo peculiar de conhecer a coisa atualmente existente, ao passo que o outro apenas prescinde deste modo de conhecer e representa essa mesma essência; logo, o mesmo princípio que basta para o primeiro basta, por maioria de razão, para o segundo desses modos de conhecimento, porquanto o que pode o mais também pode o menos, quando o menos está incluído no maior." (F. SUÁREZ, *De Angelis*, II, VIII, 2, *Opera*, tomo II, p. 141).

[264] É essa a tese fundamental da disputa V, designadamente na secção IV, 3. A coerência filosófica desta tese decorre do princípio segundo o qual uma coisa se distingue das outras por aquilo mesmo que a constitui e não por uma terceira entidade, algo extrínseco (*Disputationes*, V, II, 13).

forma, cuja essência é "uma certa natureza composta de ambas, que é *per se* na razão de essência ou natureza" (*Disputationes*, XXXVI, II, 6).

Ora, como é que se ligam entre si a matéria e a forma de cuja união se forma o composto? Suárez exclui a possibilidade de um mediador exterior, uma nova entidade enquanto elo de união entre os dois opostos: matéria e forma "não se unem pela intervenção de alguma propriedade ou acidente, mas *imediatamente*, por si próprias" (*Disputationes*, XV, VI, 2) [it. meu]. Não há terceiro termo a ligar estes dois membros de uma dualidade necessária, porque o laço que os une é uma verdadeira identidade. *Matéria e forma não são duas entidades distintas, mas dois elementos de uma entidade única: o composto.* Qualquer destes elementos não existe primariamente para si mesmo ou um para o outro, mas para o todo. Tal como a matéria, a forma existe para o composto como seu fim (*Disputationes*, XV, VII, 4-8). A proeminência da forma joga com o primado do composto. Enquanto princípio ativo, é a forma que completa e plenifica o todo, consumando a potência inerente à materialidade. Todavia, ao completar a essência do composto natural (*Disputationes*, XV, V, 2), a forma não anula a matéria, mas fá-la aceder à realidade efetiva.

A tese segundo a qual o indivíduo é um composto levanta a questão da sua unidade. Suárez afirma expressamente a unidade do composto: a substância natural é *per se una compositione* (una por si mesma mediante composição) (*Disputationes*, XXXVI, II, 6). Mas qual a natureza dessa unidade? O vínculo substancial que faz o composto é uma nova realidade ou a ligação interna das suas partes? O que distingue verdadeiramente um todo individual de um mero agregado?

A secção III da Disputa XXXVI procede a uma discussão muito interessante acerca da relação entre o todo e as suas partes e entre o composto e os seus componentes. Seguindo o *modus operandi* que lhe é peculiar, Suárez apresenta diversas opiniões com os fundamentos respectivos:

1ª) a substância composta é real e essencialmente distinta das suas partes, na base de que o todo é uma realidade superior e distinta quer do agregado das suas partes conjuntamente tomadas, quer da sua união: o todo seria algo de essencial e primário, anterior às partes e tendo propriedades próprias que não conviriam às partes, nem sequer tomadas conjuntamente;

2ª) admite a distinção modal entre todo e partes;

3ª) nega todo o tipo de distinção real, mesmo a modal, admitindo apenas a distinção de razão.

Depois de uma apresentação relativamente sucinta destas opiniões, Suárez procede a uma prova exaustiva da terceira opinião, para a qual o todo e as partes respectivas são uma só e a mesma coisa (distinção de razão). O interessante é o modo como o faz. *Todo e partes não se distinguem entitativamente, no entanto, o todo tem uma significação própria, que faz dele uma realidade distinta de cada uma das partes mas também do agregado de todas elas.* O todo é uma verdadeira realidade substancial, que acrescenta às partes a união substancial (*Disputationes*, XXXVI, III, 8), quer dizer, o todo substancial é uma realidade distinta tanto da matéria e da forma como da sua união, mas não de toda a realidade da forma, da matéria e da união, tomada coletivamente (*ibid.*, 15).

O que é que distingue real e adequadamente a substância como todo e o agregado das suas partes? Não é uma nova entidade, mas um acréscimo de realidade e significação para cada um dos seus componentes: *o todo vale enquanto dinamismo de integração das partes, o seu modo de constituição faz-se por inclusão das partes.* É enquanto matéria e forma do todo substancial que cada um destes elementos ganha realidade. Enquanto membros de um todo, os diferentes elementos têm entre si uma relação de identidade: são o mesmo indivíduo enquanto tal indivíduo singular.

O vínculo matéria/forma garante por si a constituição do composto enquanto este é uma verdadeira unidade *per se*, a unidade de uma essência ou natureza completa[265]. Mas tal vínculo não é suficiente para garantir a substan-

---

[265] No léxico suareziano, natureza e essência são o mesmo, com a diferença apenas que a essência está ordenada ao ser e a natureza à operação (*Disputationes*, XV, XI, 5-7).

cialidade do composto. *O vínculo primordial pelo qual se dá a substancialização do composto é o vínculo que liga a natureza e o suposto, mediante o qual a entidade se constitui como substância primeira.* Com efeito, a composição de natureza e suposto tem prioridade sobre qualquer outra composição, nomeadamente a composição de matéria e forma enquanto elementos constituintes de toda a substância material (*Disputationes*, XXXIV, III, 11).

Natureza e suposto são momentos distintos de constituição de uma mesma identidade. A natureza de uma substância criada é esta mesma substância abstratamente tomada: "Pelo nome de natureza entendemos a substância singular que contém a essência total e completa de um indivíduo ou suposto considerado em abstrato, a que os metafísicos chamam forma de um todo, como é esta humanidade que consta desta alma e deste corpo e também destas carnes e destes ossos" (*Disputationes*, XXXIV, II, 3). O suposto pressupõe a natureza e integra-a, acrescentando-lhe algo de real: "Por conseguinte, o que acaba de ser dito fornece a solução da presente secção, que consiste em que o suposto criado acrescenta à natureza criada algo real positivo e realmente dela. Pelo que, se compararmos o suposto com a natureza, eles distinguem-se como o incluente e o incluído (*tamquam includens et inclusum*), porquanto o suposto inclui a natureza e acrescenta algo que se pode chamar *personalidade, supositalidade ou subsistência criada*" (*Disputationes*, XXXIV, II, 20). Em sentido próprio, o que o suposto acrescenta à natureza é a *supositalidade*, isto é, a unidade real pela qual a entidade se torna sujeito de inerência de todos os seus predicados. É essa a significação fundamental da supositalidade: a qualidade de sujeito substancial entendido como dinamismo de integração.

Em síntese, a individualidade do indivíduo, designada como supositalidade, é uma operação pela qual se introduz algo de novo no seio da entidade: a *referência a si* de uma multiplicidade de operações. Suárez inscreve, pois, a subjetividade no cerne do indivíduo, antecipando a via seguida pelas mais ousadas metafísicas da individualidade no século XVII: a glissoniana e a leibniziana.

2. A inflexão glissoniana: o indivíduo como ipseidade

GLISSON É AUTOR DE UMA DAS OBRAS MAIS NOTÁVEIS NO PA norama médico-filosófico do século XVII, *Tratado sobre a natureza energética da substância*[266], que apresenta um verdadeiro sistema de filosofia natural, formado em larga medida no confronto com o suarismo. Tal como mostrei noutro lugar[267], as traves mestras do sistema glissoniano resultam de uma reformulação ou divergência em face de teses suarezianas.

Recusando a pertinência da noção genérica de ser, o ilustre médico afirma o caráter primitivo da noção de entidade, algo, coisa. De fato, para ele o ser real é posição e afirmação de si. Tal como em Suárez, a natureza é a essência dinamicamente compreendida como uma coisa em evolução, uma certa duração. A relevância do indivíduo está expressa na tese de que *o indivíduo é a perfeição/completude da natureza na sua mais vasta acepção, na qual está seminalmente implicado*: "a natureza, universalmente considerada, está ordenada à natureza individual" (*De natura*, V, 12, p. 60).

Há todo um dinamismo de preparação para a individualidade, desde os níveis mais elementares da matéria. De fato, Glisson concebe a matéria como potência, não uma mera potência indeterminada, mas uma potência receptiva da forma. Nua e incompleta em si mesma, ela está ordenada à forma: "Efetivamente [a matéria] tende para (*appetit*) a forma, mediante a qual supera a sua nudez ou a carência da natureza" (*De natura*, VII, 11, p. 91). A forma aperfeiçoa e completa a matéria, como sua "natureza adicional": "a matéria percebe que a sua natureza adicional é boa e ajustada a si mesma; escolhe-a e ama-a" (*De natura*, X, 31, p. 157).

---

[266] Glisson, F. *Tractatus de natura substantiae energetica, seu de vita naturae, ejusque tribus facultatibus (perceptiva, appetitiva, motiva) et naturalibus*, London, 1672. Daqui em diante, a obra será referida simplesmente como *De natura*, seguida do capítulo e parágrafo respectivos e da página da edição original.
[267] Cardoso, A. *O trabalho da mediação no pensamento leibniziano*, pp. 127-138.

Matéria e forma são uma para e pela outra, constituindo dois polos indissociáveis que estão um para o outro como passivo e ativo, inferior e superior. O composto de matéria e forma não é ainda uma entidade individual. A correlação matéria-forma elucida a gênese da ação e espontaneidade da natureza: a matéria é "sujeito natural" (*De natura*, X, 17, p. 147) da forma, tende para ela como ato que consuma as suas disposições internas. Por conseguinte, o par categorial matéria-forma, sobre o qual incidiu privilegiadamente o esforço tendente a elucidar o processo de individuação, mantém uma função na dinâmica de determinação à individualidade, mas num estádio preliminar, de modo algum conclusivo. O elemento decisivo no dinamismo de autoconstituição individual vai ser um operador novo — poderia dizer-se inesperado — *a subsistência*.

Vale a pena reproduzir os termos exatos em que Glisson coloca a subsistência no cerne da individuação: "A natureza individual, pelo mero nome de perseidade essencial e existência da mesma, não é comunicável a diversos sujeitos substanciais (*supposita*); mas, se lhe sobrevier (*si superveniat ei*) uma subsistência completiva (*subsistentia complens*), torna-se incomunicável. [...] Assim, a natureza individual é comunicável a diversos sujeitos substanciais. Ora, o complemento pelo qual a natureza se torna incomunicável não é outra natureza, mas algo (*quid*) que se acrescenta à essência ou natureza da espécie e a completa." (*De natura*, IV, 12, p. 31).

É interessante o jogo de noções e a complementaridade das duas teses aqui apresentadas.

Do ponto de vista nocional, o autor identifica natureza individual / natureza específica / perseidade essencial. Na linguagem escolástico-suareziana que Glisson utiliza, a natureza designa a essência enquanto ordenada à operação. A identidade entre natureza individual e específica significa que não há a natureza em abstrato, que ela é real enquanto referida a um indivíduo e, reciprocamente, que a pluralidade de indivíduos apresenta uma só e mesma natureza: cada homem é, à sua escala, expressão de uma mesma humanidade, que, por sua vez, só existe nos e pelos seres humanos individuais. Perseidade é a capacidade para ser e existir por si, por oposição àquilo que só poderia existir num outro, sendo por ela que Descartes[268] e uma corrente significativa dos modernos, na qual se inclui o nosso autor, define a substancialidade de alguma coisa.

As teses em presença são: a natureza é comunicável a múltiplos sujeitos substanciais; essa mesma natureza torna-se incomunicável — própria de um determinado indivíduo e intransmissível a qualquer outro —, se lhe advier um elemento novo e heterogêneo, a subsistência: "Daí que a incomunicabilidade do sujeito substancial deva ser atribuída à subsistência modal, não à natureza" (*De natura*, IV, 13, p. 33). O processo de individuação não segue, pois, a via da diferenciação, mas a da *inscrição da singularidade na natureza individual*. A inscrição deste elemento superveniente é *um verdadeiro nascimento* porque é a vinda ao ser de algo novo que se encontrava em gérmen no seio da própria natureza. É o que significa a fórmula *subsistentia complens*: subsistência completiva porque consuma a perfeição da natureza, realizando as disposições que lhe são imanentes.

Glisson confere à subsistência uma relevância que não tem paralelo em nenhuma outra filosofia, a começar por aquela que lhe serve de referência seminal, a de F. Suárez. Ora, o que é a subsistência e como é que ela consuma a perfeição da natureza?

A subsistência é uma forma positiva original, que consiste em ser por si (*esse per se*) (*De natura*, III, 3, p. 16). O seu conceito recobre o de perseidade, mas não se identifica pura e simplesmente com ele, já que *exprime o modo de efetividade do ser por si*. Nas palavras do autor, ela é "a forma positiva da perseidade" (*De natura*, III, 6, p. 18). O seu estatuto não é o de uma qualquer entidade, mas o de *um operador* — o operador da perseidade ou da substância.

Considerada no seu estrato mais arcaico, enquanto subsistência fundamental, é um elemento básico da natureza, a par da operatividade (*De*

---

[268] Descartes, R. *Princípios da filosofia*, I, 51.

natura, II, 8, p. 11). Princípio imanente e fundamento último da substância (*De natura* II, 2, p. 7; III, 4, p. 16), não garante ainda a sua inteira completude. Esta função de *completio* (complemento ou consumação) incumbe à subsistência modal — que foi acima designada *complens* —, que confere plena individualidade à natureza substancial.

O que julgo oportuno realçar é que a distinção entre subsistência fundamental e subsistência modal visa inscrever a subsistência no núcleo principial do ser e, simultaneamente, estabelecê-la como agente de perfectivação dele. Trata-se de dois planos de um mesmo *operador da substancialidade da substância*. Em que consiste exatamente esta substancialidade? Por outras palavras, qual o significado e o alcance filosófico da subsistência?

O longo esforço de Glisson para elaborar uma metafísica da subsistência, que ocupa uma parte significativa dos cinco primeiros capítulos de *De natura*, não se deve a uma qualquer idiossincrasia do autor, mas ao caráter original da sua concepção de substância completa, ou seja, individual. Esta caracteriza-se pela singularidade da experiência de si ou da vivência. Daí que a subsistência modal seja designada como um estado "unido em si" (*De natura*, IV, 19) e, num plano mais básico, a subsistência fundamental seja definida como a natureza considerada "em ordem ao ser próprio" (*in ordine ad esse proprium*) (*De natura*, VI, 1). *A marca da individualidade é a união, a adesão e referência imediata a si*. O indivíduo revela-se como subjetividade única, singular. Na linguagem do autor, o elemento genesíaco da substância individual é a confederação exclusiva da natureza consigo própria (*confoederatio naturae sibi soli*): "No próprio instante de determinação da natureza substancial a um certo sujeito substancial resulta o ato pelo qual ela se confedera consigo própria (*actus quo ea sibi soli confoederatur*)" (*De natura*, V, 28, p. 73).

A confederação identifica-se com a substancialidade e o princípio de individuação, considerados operatoriamente: "Neste sentido, a própria confederação que determina a natureza a uma comunhão precisa de si e que, portanto, a completa, é a própria substancialidade que o sujeito substancial acrescenta à natureza e o próprio princípio de individuação" (*De natura*, V, 6, p. 55)[269].

A confederação não é uma ligação extrínseca entre diferentes entidades nem algum tipo de agregado. Também não é uma operação vaga, mas um ato intra-individual: "não consiste na confederação em geral, mas na determinação da união ou da confederação exclusiva da natureza consigo própria" (*De natura*, V, 6, p. 54). É um exercício que acompanha toda a existência, um trabalho que caracteriza o estilo do ser e consiste num dinamismo de integração: um operador imanente da união de si consigo, que realiza o ajustamento das partes no seio do todo e a identidade dinâmica de um ser em permanente transformação.

A confederação designa um sistema autorregulado, que se desenvolve segundo uma lei interna, cujo princípio de ação é intrínseco ao próprio agente. Mais explicitamente, a confederação é o ato vital: "Com efeito, a confederação é o ato da vida e, consequentemente, perceptivo de si e do efeito por si produzido" (*De natura*, V, 28).

Glisson é um exemplo paradigmático de *vitalista moderno*, que recusa o mecanicismo dominante[270] e indaga a especificidade da vida e do vivo. A novidade em face do vitalismo neoplatônico do Renascimento é que a vida não é uma simples categoria abstrata, um princípio universal de organização do universo, mas é algo de muito específico, que se manifesta em cada vivo singular, gerado no seio da vida primordial da natureza. A articulação entre a vida e o vivo é um dos aspectos marcantes da *protobiologia* glissoniana. O vivo

---

[269] Como bem diz Giglioni: "The 'self-confederation of nature' represents the constitutive process of substance. It is not a result; it is the act through which substance is formed, and this act is necessarily a vital act." (Giglioni, G. "Francis Glisson's notion of *confoederatio naturae* in the context of hylozoistic corpuscularianism", *Revue d'Histoire des Sciences*, 55/2 (2002), p. 246).

[270] A crítica do mecanicismo é um tópico fundamental do cap. XXI do *De natura* (pp. 283-297).

é uma entidade autônoma, mas não isolada: a gênese do vivo pressupõe que a matéria não seja um substrato indiferente, mas tensão originária para a vida.

A matéria é essencialmente viva, contendo em si um princípio interno de ação, isto é, um tipo de causalidade imanente: "Aqueles que, como Suárez, ignoram a vida essencial da matéria enredam-se em questões inextricáveis" (*De natura*, X, 32, p. 159). Sob o modo da receptividade, a matéria é fonte de mudança ou geração, indissociável do vivo: a matéria prima é "causa, princípio ou verme de corrupção e mutabilidade (*De natura*, VIII, 3, p. 114).

A vida dá-se na vivência subjetiva dos estados e mudanças internas: "Tudo aquilo que vive, vive a sua vida, não uma vida estranha" (*De natura*, XVII, 10). O vivo constitui-se como um *si primordial* ao qual se referem, como sua "fonte e princípio", todas as ações e paixões de um sujeito singular: "Nada é anterior e mais íntimo ao sujeito substancial do que a sua vida" (*De natura*, XVII, 10).

A vida é perceptiva. A operação característica da vida, o modo peculiar da vivência é a *percepção natural*, que está na base de formas mais complexas e elaboradas, como a percepção sensível e a percepção intelectual.

A percepção natural é simples, imediata e não precisa de órgãos para se exercer, ao passo que a percepção sensível (*sensitiva*) é composta — já que é percepção de uma percepção e, consequentemente, reflexiva — e exige órgãos como sua condição. Em virtude da sua simplicidade e imediatez, a percepção natural ajusta-se ao seu objeto de um modo certo e infalível, não sendo passível de erro; a percepção sensível pode enganar porque está ordenada ao juízo.

Contrariando a tese cartesiana do caráter original do pensar, Glisson afirma que a percepção intelectual não é originária (*prima*), que ela pressupõe a percepção natural (*De natura*, XV, 5). A esta luz, a consciência é uma instância derivada, que radica na atividade perceptiva.

Percepção natural significa que ela pertence ao nível mais arcaico do ser, não a um corpo ou a um espírito, mas à determinação intrínseca da natureza enquanto operativa. A natureza substancial percebe. Percebe o quê? O seu próprio ato, disposições internas e ligação ao meio envolvente: "Pela percepção natural a natureza substancial 1) percebe-se; 2) percebe as suas faculdades; 3) percebe as operações das faculdades; 4) percebe o influxo que as coisas exteriores têm em si" (*De natura*, XV, 7). Trata-se, pois, de uma percepção de si, dos seus estados, disposições e mudanças, de um modo imediato, pré-reflexivo, aquém da consciência e da vontade. Perceber-se é sentir-se, auto-afetar-se: "Logo [a natureza] percebe a sua percepção como afecção (*affectionem*) que lhe é inerente" (*De natura*, XV, 7).

A percepção define o estilo de relação de si consigo: "Além disso, não estendo o objeto desta [natural] percepção para lá do próprio sujeito percipiente, das alterações nele produzidas e respectivas causas e das disposições resultantes de ambas. Ora, é necessário que o percipiente natural, se percebe algo em geral, se perceba a si próprio; que esteja intimamente presente à sua faculdade de perceber. Em segundo lugar, que conheça as alterações nele produzidas e respectivas causas; que elas sejam inerentes a si próprio percebido, que as causas se vejam nos efeitos, isto é, nas alterações nele impressas. Finalmente, que conheça as disposições resultantes da percepção de si e das mudanças que nele ocorrem; que tais disposições estejam virtualmente contidas no todo resultante de si e das suas mudanças como nas suas causas"[271].

A percepção natural é uma simples intuição (*intuitus*) que se dirige ao próprio sujeito considerado não objetalmente, como algo que está diante de si, mas sob o modo da *presença imediata a si de uma vida em permanente transformação*. O percipiente dá-se na experiência temporal de um fluxo sucessivo de estados.

A percepção natural explica a dinâmica interna do vivo, a estrutura interna das suas transformações. Só ela fornece razões adequadas das coisas que mudam (*idoneae rerum evolutarum rationes*)[272]. As mudanças seguem um curso ordenado, constituem uma série regrada, desenvolvem-se segundo um programa.

---

[271] Glisson, F. *Tractatus de ventrículo*, pp. 4-5.
[272] *Op. cit.*, p. 4.

Compreende-se a relevância atribuída por Glisson à percepção natural para elucidação da sua obra médica e que o levou a diferir por mais de uma década a publicação do *Tractatus de ventriculo*: este só foi editado depois da publicação de *De natura*, onde a percepção natural ocupa um lugar axial. De fato, a percepção natural é a noção que faz a ponte entre filosofia e medicina, porque fornece a base para a compreensão do vivo. Com efeito, o autor considera três faculdades vitais primitivas e perpétuas — perceptiva, apetitiva e motiva —, que estão mutuamente ordenadas de um modo tal que a faculdade motiva pressupõe a apetitiva, que, por sua vez, pressupõe a faculdade perceptiva: "a natureza substancial, porque percebe, tem apetite (*appetit*); e porque tem apetite, move-se. Ora, na ordem natural, o ato de perceber precede incessantemente o ato de tender (*appetendi*) e este precede o ato de se mover" (*De natura*, XIII, 8, p. 194). Muito explicitamente, é na percepção natural que assentam as outras faculdades inerentes ao vivo: "Dada a percepção, seguem-se, pela lei da natureza, o apetite e o movimento" (*Tractatus de ventriculo*, p. 147). Daí a afirmação de que só a faculdade perceptiva é absolutamente primeira (*simpliciter prima*) e que ela se identifica com a própria vida substancial (*De natura*, XIII, 7, pp. 192-193). A percepção natural é, pois, a base de uma estrutura com uma forte coerência interna.

O vivo é uma estrutura ordenada que age e se desenvolve segundo uma lei que está inscrita no ato genesíaco de confederação e que, na linguagem suareziano-glissoniana se designa pelo termo ideia: "A substancialidade ou subsistência modal é um estado da natureza substancial, completo em si, que *contém o ato de confederação exclusiva da natureza consigo e a ideia que daí resulta*, mediante os quais a natureza substancial se determina a um certo indivíduo completo e incomunicável" (*De natura*, V, 32).

Tal como em Suárez, a ideia refere-se ao ser individual no seu todo e contém a determinação originária deste, na qual se incluem as transformações decorrentes da sua evolução: "Deve, pois, admitir-se que a ideia resultante define previamente na determinação originária da natureza as variações necessárias do indivíduo, na medida em que elas dependem da natureza dele, e por conseguinte essas variações não devem ser consideradas como novas individuações" (*De natura*, V, 29, p. 74). A ideia completa (*idea totalis*) representa o ser individual na sua gênese e história, a título de lei interna que regula a série e o processo dos seus estados: "Pelo que a ideia originária do animal em formação contém a série e o processo de toda a sua vida, e seguramente representa antecipadamente a variação natural para a necessária continuação do mesmo. Daí que a mesma ideia completa (*idea totalis*) que representa em ato o indivíduo na medida em que ele está em ato, o exprime em potência na medida em que ele está em potência" (*Ibid.*). A ideia acompanha, pois, a duração completa do indivíduo, que "não permaneceria o mesmo, se não sofresse tais modificações" (*Ibid.*).

Em síntese, Glisson propõe uma concepção dinâmica do indivíduo, expressa na continuidade de um processo vital implicando mudança e variação permanente: uma *ipseidade* que se gera no interior da natureza por *subjetivação*, pela referência a si dos fenômenos que a afetam.

3. A interpretação monadológica do indivíduo

A TEMÁTICA DO INDIVÍDUO E DA INDIVIDUAÇÃO É UMA DAS mais persistentes na elaboração filosófica de Leibniz e, porventura, aquela que melhor evidencia o seu percurso filosófico. Seguindo o estilo próprio do autor, a noção de indivíduo vai ser objeto de reformulações sucessivas, culminando na filosofia monadológica, na qual se dá uma reinterpretação do estatuto e significação da individualidade.

A obra leibniziana revela um esforço notável para constituir uma metafísica da individualidade, que se inicia com a *Disputa sobre o princípio de individuação* (1663), prossegue no *Discurso de Metafísica* (1686) e culmina na *Monadologia* (1714). Estas três obras pontuam a dinâmica de uma vida pensante que evolui por reformulação sucessiva da temática em causa, evidenciando as dificuldades imanentes ao desiderato de pensar o indivíduo. Os momentos referidos são acompanhados por transições lexicais que indiciam a evolução do Filósofo.

A *Disputatio* de 1663, o primeiro escrito do autor, é um trabalho académico em que se apresenta o estado da questão e se avaliam as diferentes teses sobre o princípio de individuação. Muito expressamente, Leibniz assume a perspectiva suareziana, cuja tese nuclear é a da individuação pela *entitas tota*. O modo como a questão é formulada indica, desde logo, a preferência do jovem filósofo: "Põe-se como princípio de individuação ou a entidade inteira (*tota*) ou não inteira (*non tota*)" (*Disputatio de principio individui*, § 3). Não surpreende, pois, a decisão leibniziana: "Por conseguinte, afirmo: todo o indivíduo se individua pela sua entidade inteira" (*Ibid.*, § 4). A *entitas tota* é a razão formal do indivíduo (*Ibid.*, § 2) ou, na linguagem de A. P. Mesquita, a individualidade do indivíduo.

A *entitas tota* é o princípio de individuação. Mais, ela é a inteligibilidade fundamental do ser: "[....] a entidade inteira (*tota entitas*) é, em termos universais, o princípio universal do ente" (*Ibid.*, § 7).

No quadro suareziano-leibniziano, a tese da individuação pela *entitas tota* significa que o processo de individuação consiste num dinamismo de autoconstituição da substância, concebida como uma totalidade integrada de estados. Por conseguinte, o indivíduo é pensado à margem da relação com o outro, como uma entidade *a se*, que se põe e realiza por si própria, tendo como horizonte um *individualismo* bem marcado.

O *Discurso de Metafísica* e a intensa correspondência com Arnauld, no período imediatamente subsequente à redação desta obra, responde à exigência de comunicação: *o indivíduo é uma substância completa*, isto é, uma expressão do mundo atual no qual está inserida. A completude é o traço fundamental pelo qual se caracteriza o indivíduo real. Ora, *completude significa a copertença entre o indivíduo e o mundo de que faz parte*.

A mais comum exegese leibniziana interpreta a noção completa em sentido lógico, como a integral dos predicados individuais[273]. De fato, esse é um dos seus sentidos, mas não o único nem aquele que me parece mais decisivo. O artigo VIII do *Discurso de Metafísica* é elucidativo a este respeito: "Sendo assim, podemos dizer que a natureza de uma substância individual ou de um ser completo é ter uma noção tão acabada que seja suficiente para compreender e deduzir a partir dela todos os predicados do sujeito a que tal noção é atribuída". Como é explicitado logo a seguir, a noção individual completa é "o fundamento e a razão de ser de todos os predicados que podem verdadeiramente ser ditos a seu respeito". A noção completa exprime a inerência dos predicados ao sujeito, do qual podem virtualmente, de direito, ser todos deduzidos. Mas isso não é tudo, já que a inteligibilidade do indivíduo não pode dispensar a referência à série de todas as coisas. Daí o final deste artigo VIII: "De igual modo, quando se considera bem a conexão das coisas, pode dizer-se que existem desde sempre na alma de Alexandre vestígios de tudo quanto lhe aconteceu e as marcas de tudo quanto lhe acontecerá, e mesmo os traços de tudo o que se passa no universo, se bem que só a Deus pertença reconhecê-los todos".

O sentido caracteristicamente leibniziano da noção completa é o seu caráter expressivo, o que corresponde, aliás, à progressão do *Discurso de Metafísica*: o artigo VIII introduz a temática da noção completa e o IX, a teoria da expressão, cujo núcleo reside no isomorfismo parte/todo: à sua escala, a parte contém a mesma ordem que o todo: "Cada indivíduo possível de qualquer mundo encerra na sua noção as leis do seu mundo"[274]. O indivíduo contém todo o universo, se bem que de um modo confuso e envolvido. É isso que distingue a ciência do ser individual da ciência genérica e abstrata, matemática,

---

[273] Gaudemar, M. "De la substance individuelle à la monade: vers l'immanence du destin individuel", *in* Berlioz, D. et Nef, F. (Éds.), *L'actualité de Leibniz: les deux labyrinthes*, Stuttgart, Steiner, 1999, p. 178.
[274] *A Arnauld*, GP II, p. 40.

cujas noções são insuperavelmente incompletas: "As coisas uniformes e que não encerram nenhuma variedade não são nunca senão abstrações, como o tempo, o espaço e os outros seres da matemática pura"[275].

O caráter axiomático-dedutivo e o rigor da matemática não invalidam a sua insuficiência como explicação da natureza. Com efeito, a inteligibilidade matemática apreende a natureza como *um todo homogêneo* do qual se deduzem as propriedades das partes constituintes, que são meras divisões desse todo. O exemplo mais típico é o das noções de espaço e tempo absolutos, que estão no cerne do debate com o cartesiano De Volder e com o newtoniano S. Clarke. Num caso e no outro, a violência da crítica explica-se pela disparidade das teses em confronto. De Volder e Clarke são ambos acusados de aderirem a uma filosofia vulgar, assente em representações fantasiosas e incompletas: "Mas vulgarmente os homens, contentes por satisfazerem a imaginação, não se preocupam com as razões, daí que tenham introduzido tantos monstros contra a verdadeira filosofia. Recorreram a noções meramente incompletas e abstratas ou matemáticas, que o pensamento alimenta mas que, assim nuamente consideradas, a natureza ignora. É o caso do tempo, bem como do espaço ou extenso puramente matemático, da massa meramente passiva, do movimento considerado matematicamente, etc., onde os homens podem ficcionar (*fingere*) coisas diversas sem diversidade (*diversa sine diversitate*), como por exemplo, duas partes iguais da linha reta, porque evidentemente a linha reta é algo de abstrato e incompleto, que é necessário considerar no plano do saber, mas, para os espíritos entendidos, na natureza toda a linha reta se distingue de qualquer outra"[276].

Na correspondência com Clarke, o espaço/tempo absolutos são igualmente criticados como "*idola tribus*, puras quimeras e imaginações superficiais" (GP VII, p. 373), que levam à negação do princípio de razão e geram as mais

---

[275] *Nouveaux Essais*, III, III, 6, GP V, p. 100.
[276] *A De Volder*, 20 de Janeiro de 1703, GP II, pp. 249-250.

enredadas perplexidades no que respeita ao princípio de individuação: "Os filósofos vulgares enganaram-se quando creram que havia coisas diferentes *solo numero*, ou unicamente porque são duas. E foi desse erro que nasceram as suas perplexidades sobre aquilo a que eles chamavam o princípio de individuação" (GP VII, p. 395).

As noções matemáticas assumem o seu objeto como algo em si, "desligado das suas circunstâncias". É nisso que consistem as noções incompletas (GP VII, p. 407). Ao invés, as noções completas são aquelas que envolvem, ao infinito, os mais ínfimos pormenores: "(...) mas as noções das substâncias individuais, que são completas e capazes de distinguir inteiramente o seu sujeito e que, por conseguinte, envolvem as verdades contingentes ou de fato e as circunstâncias individuais do tempo, do lugar e outras (...)"[277]. Ou, nos termos das *Generales Inquisitiones* (1686), a noção completa "envolve infinitos e por isso não pode chegar nunca a uma demonstração acabada" (C, p. 377).

A substância completa inscreve-se numa *metafísica do inacabamento*, em que a exuberância do ser individual escapa à unidade de um conceito genérico, o único ajustado à medida da nossa inteligência. A ciência do geral, por muito precisa e rigorosa que seja, não elucida em nada a constituição do mundo real e a conexão entre os acontecimentos. Daí a disparidade entre a noção de esfera e a noção do eu individual: "(...) direi apenas porque é que eu creio que se deve filosofar diferentemente a respeito da noção de uma substância individual e da noção específica da esfera. É que a noção de uma espécie encerra tão-só verdades eternas ou necessárias, mas a noção de um indivíduo encerra *sub ratione possibilitatis* aquilo que existe de fato ou o que se refere à existência das coisas e ao tempo [...] Assim, a noção da esfera em geral é incompleta ou abstrata, ou seja, apenas se considera nela a essência da esfera em geral ou em teoria, sem atender às circunstâncias singulares (...)" (*A Arnauld*, GP II, pp. 38-39).

---

[277] *A Arnauld*, 21-31 de Maio de 1686, GP II, p. 49.

A consideração do indivíduo como um ser completo apela a uma análise interminável referida a um ser unitário. Há uma ciência do indivíduo, essa ciência é contingente, posto que "a individualidade envolve o infinito" (NE, III, III, 6, GP V, p. 268). A completude de um ser é a raiz da sua contingência, porque, na medida em que ele é completo, esse ser é sujeito ativo ou passivo de todos os acontecimentos que ocorrem no universo.

O que importa sublinhar é que as coisas atuais e contingentes têm uma inteligibilidade própria, sendo totalmente desprovido de sentido o esforço para reduzir as verdades contingentes a analíticas. Leibniz marca expressamente a heterogeneidade — *toto genere differunt* — entre umas e outras: "Daqui já concluímos que umas são as proposições que se referem às essências e outras as que se referem às existências das coisas; não há dúvida de que são essenciais aquelas que podem demonstrar-se a partir da resolução dos termos; e estas são, evidentemente, necessárias ou virtualmente idênticas; e, precisamente, o seu oposto é impossível ou virtualmente contraditório. E estas são de verdade eterna e obter-se-ão não só enquanto o mundo durar, mas também se obteriam no caso de Deus criar o Mundo a partir de uma razão diferente. Mas, na verdade, são de um gênero totalmente diferente (*toto genere differunt*) destas as existenciais ou contingentes, cuja verdade só pela Mente infinita pode ser entendida *a priori* e não pode ser demonstrada por nenhuma resolução"[278].

A ciência do indivíduo que Leibniz visa instaurar é mais complexa e difícil do que a moderna ciência da natureza, cujos procedimentos são os da matemática: "(...) a noção do eu e de qualquer outra substância individual é infinitamente mais extensa e mais difícil de compreender do que uma noção específica como a da esfera, que é meramente incompleta"[279].

---

[278] *Verum est affirmatum*, C, p. 18.
[279] *A Arnauld*, GP II, p. 45.

O eu, tal como a substância em geral, é uma estrutura relacional, que só se entende como membro de uma comunidade, e ao mesmo tempo é o *continuum* de uma multiplicidade infinita de fenômenos. O indivíduo é uma verdadeira unidade, não a unidade vaga e abstrata de uma entidade referida a si mesma, mas a unidade efetiva de uma multiplicidade. Ele contém "um mundo de variedades numa verdadeira unidade" (*A Arnauld*, GP II, p. 99).

Em carta a De Volder, de 1705, Leibniz reafirma a tese de que "só no singular há noção completa" e acrescenta de imediato: "logo, ela envolve também as mudanças" (GP II, p. 277). Por conseguinte, a noção completa insere-se no projeto leibniziano de reforma da noção de substância, que, longe de se caracterizar pela permanência de um fundo imutável, é assumida como uma série interminável de estados. "Todas as coisas singulares são sucessivas"[280], porque estão em permanente transformação, que pode ser muito fina e imperceptível, mas nem por isso irrelevante: "Estas percepções insensíveis marcam ainda e constituem o mesmo indivíduo, que é caracterizado pelos traços ou expressões que elas conservam dos estados precedentes de tal indivíduo, estabelecendo a conexão com o seu estado presente"[281]. *A individualidade do indivíduo reside, então, na ordem imanente a uma sucessão, isto é, numa duração.*

Em síntese, a interpretação do indivíduo como uma substância completa envolvendo o infinito, que exprime segundo um ponto de vista único, desemboca na afirmação de que as "substâncias não são todos (*tota*) que contenham formalmente partes, mas coisas totais (*res totales*), que contêm eminentemente coisas parciais"[282].

A introdução da mônada no léxico leibniziano (1695) transforma a problemática do indivíduo. Com efeito, mônada e indivíduo não são termos

---

[280] *A De Volder*, 21. 01.1704, GP II, p. 263.
[281] *Nouveaux Essais*, prefácio, GP V, p. 48.
[282] *A De Volder*, 21. 01.1704, GP II, p. 263.

coextensivos[283]: a mônada é uma realidade proto-individual; o indivíduo é um grau e modalidade da unidade monádica, perdendo assim o estatuto de noção primitiva. A mônada não é uma entidade física, à maneira de um átomo, ela situa-se na ordem dos fundamentos: é o elemento ou o princípio genesíaco da natureza.

A monadologia culmina a elaboração filosófica de Leibniz, dando-lhe uma maior coerência e vigor. A completude mantém-se como característica do ser efetivo: a mônada é uma coisa completa (*res completa*) (*A Des Bosses*, GP II, p. 378). No entanto, o seu qualificativo fundamental é outro, a saber, *simples*: "A mônada, de que iremos aqui falar, não é outra coisa senão uma substância simples, *que entra nos compostos*" [it. meu] (*Monadologia*, art. 1)

Simples e composto são termos correlativos: são um para e pelo outro. A sua relação não é de exterioridade mútua[284], mas de *copertença originária*, uma relação de *simbolização* no sentido alquímico em que M. Cariou interpreta a fórmula "E nisso os compostos simbolizam com os simples" (*Monadologia*, art. 61): o de um misto primordial[285]. Diferentemente de um agregado ou um amontoado de partes justapostas, o composto é uma multiplicidade com alguma unidade[286]: o composto pressupõe algum tipo de unidade como seu requisito formal (GP VII, p. 503). É isso a mônada: um princípio de

---

[283] A. Becco insistiu devidamente sobre este ponto. Cf. Becco, A. *Du simple selon Leibniz*, Paris, Vrin, pp. 30-31.

[284] Hartz, G. A. "Monads and Corporeal Substances: Competitive Exclusion or Coexistence?", *in* Breger, H. (Org.), *Leibniz und Europa*, Hannover, 1994, pp. 324-325.

[285] "[Symboliser] C'est d'abord le terme le plus propre à effacer l'idée d'une séparation préalable de deux termes à unir sans cependant être l'équivalent d'un confusionisme indécis. 'Symboliser' est le verbe à la fois poétique et mystique qui traduit l'inhérence: le même dans l'autre, le multiple dans l'un. Ce vocabulaire, d'ailleurs alchimique, permet de désigner un *mélange primitif* indissociable dont les composants sont cependant spécifiques." (CARIOU, M. *L'atomisme. Gassendi, Leibniz, Bergson et Lucrèce*, Paris, Aubier, 1978, p. 123).

[286] O agregado pertence a um plano distinto da mônada, é uma outra coisa. A assimilação entre agregado e composto leva à afirmação da disparidade entre um e outro (RUTHERFORD, D. "Leibniz and the problem of monadic aggregation", *Archiv fur Geschichte der Philosophie* nº 76 (1994), pp. 75-79).

composição. Por conseguinte, o composto não é um *ens per accidens*, como o agregado, que é pura multiplicidade desordenada, mas uma realidade substancial: uma verdadeira substância ou um substanciado, conforme o seu grau de unidade. As substâncias compostas definem-se pela sua unidade intrínseca: "As substâncias compostas são aquelas que constituem uma unidade de per si (*unum per se*) reunindo uma alma e um corpo orgânico" (*A Des Bosses*, GP II, p. 439). Deste modo, o ser vivo é uma substância composta, o seu corpo é um substanciado (*Ibid.*,) entendido como uma multiplicidade ordenada que pertence a uma unidade mais ampla.

Mônada é unidade da multiplicidade infinita que constitui o mundo atual, um "espelho vivo perpétuo do universo". Ela dá-se no interior de um mundo que lhe incumbe representar: "Vossa Alteza pergunta-me o que é uma substância simples. Respondo que a sua natureza consiste em ter percepção e, por conseguinte, representar as coisas compostas"[287]. *A sua natureza consiste em ter percepção*. O termo percepção tem aqui um significado muito amplo, designando toda a atividade mediante a qual a vida se exerce. Ao invés da noção cartesiano-lockeana da percepção como operação do entendimento, Leibniz assume-a como a modalidade fundamental da ação[288]. Ser é agir, agir é perceber.

A monadologia é solidária de uma concepção vitalista, em que a vida não é uma noção vaga e abstrata, mas algo de muito precisamente determinado: "um princípio perceptivo" (GP VII, p. 529).

O caráter perceptivo da vida significa que ela é adequação da atividade do organismo às condições do seu meio. Esta adequação não está realizada desde logo, é progressiva e comporta níveis. O vivo está ordenado ao conjunto da vida, em cada vivo está implicada uma relação com todo o mundo da vida. Mas esta ordenação não se realiza miraculosamente e de uma vez por todas.

---

[287] À princesa Sofia, 1706, GP VII, p. 566.
[288] Cardoso, A. "O paradigma da percepção", *in* Idem. *O envolvimento do infinito no finito*, Lisboa, Centro de Filosofia, 2006, pp. 82-94.

O acomodamento do vivo ao seu mundo é o dinamismo intrínseco da vida. Fazer seu o mundo da vida pressupõe a entre-expressão mútua entre o vivo e o seu mundo: "Ora, esta ligação ou este acomodamento de todas as coisas criadas a cada uma e de cada uma a todas as outras faz que cada substância simples tenha relações que exprimem todas as outras e que ela seja, por conseguinte, um espelho vivo perpétuo do universo." (*Monadologia*, art. 56).

A vida é troca, interação, comunicação, ela desenvolve-se no seio da comunidade dos vivos, que é diferentemente expressa por cada um deles. Ora, o ponto de vista segundo o qual ela representa o universo não é intrínseco à mônada enquanto tal, mas radica no *corpo próprio* (PNG, art. 3), que é mediador da relação da alma (isto é, a mônada que confere unidade a um vivo) consigo mesma e com o exterior.

Se bem interpreto a dinâmica do leibnizianismo, o seu significado é, em larga medida, o inverso daquele que é proposto por Alain Renaut, o de "um individualismo sem sujeito"[289], constituído por auto-limitação e fechamento sobre si: "*Fantástica dissolução paralela da subjetividade e da intersubjetividade, a monadologia é neste sentido o ato de nascimento filosófico do indivíduo e do individualismo*"[290]. De fato, Leibniz faz o percurso de uma concepção do indivíduo como totalidade referida a si para uma concepção do indivíduo como subjetividade aberta ao mundo e ao outro, em que a dimensão corporal e afetiva adquire uma relevância extraordinária.

A questão muito certeiramente colocada por Renaut — "Como pensar relações de ordem, como conceber relações entre realidades intrinsecamente separadas?"[291]– é uma boa questão, mas, longe de ser o "paradoxo" inscrito no estilo monadológico inaugurado por Leibniz (*ibid.*), é ela que trabalha e impulsiona o exercício leibniziano do pensar, na procura de um topos

---

[289] Renaut, A. "Les subjetivités: pour une histoire du concept de sujet", *in* Sledziewski, E. et Baron, J. L. *Penser le sujet aujourd'hui*, Paris, 1988, p. 69.
[290] Renaut, A. *L'Ère de l'Individu*, Paris, Gallimard, 1989, p. 140.
[291] *Op. cit.*, p. 154.

mediador, a igual distância do holismo e do individualismo[292]. Com efeito, o programa monadológico é justamente o de estabelecer a coerência de um universo irredutivelmente pluralista, não totalizável.

---

[292] De fato, procurar um terreno mediador no qual seja superado o abismo entre holismo e individualismo é um procedimento bem distinto de visar "uma conciliação entre princípios irredutivelmente heterogêneos" (*Op. cit.*, p. 100).

VIII
O Inconsciente leibniziano da vida

1. Introdução

A PRIMEIRA DIFICULDADE QUE SE APRESENTA É A DA PERTINÊNCIA do tema. Com efeito, se consultarmos enciclopédias prestigiadas, constatamos que o inconsciente é reenviado exclusivamente para o âmbito da psicanálise[293]. A reivindicação do inconsciente como domínio específico da psicanálise revela-se, desde logo, no procedimento de Freud e seus continuadores, ao denegarem a proto-história da sua "descoberta", visando assim marcar bem a ruptura instaurada pelo empreendimento psicanalítico: "Ao apresentar-se como ruptura radical, a psicanálise denegava a sua ancoragem na história e recalcava a sua genealogia particular, gerando o mito da sua autoprodução mágica"[294].

J.-M. Vaysse recoloca a questão da gênese histórica do inconsciente, afirmando a existência de uma forte cumplicidade entre a instauração moderna da consciência como tema filosófico central e a presença larvar e sub-reptícia do inconsciente: "A aparição do inconsciente é a emergência da verdade do mundo da consciência soberana, de maneira que consciência e inconsciente sejam como as duas faces de Jano da subjetividade moderna"[295]. Do ponto

---

[293] Este capítulo reproduz o texto da conferência proferida no Planetário do Porto, a 20.04.2002, no âmbito do ciclo *Questões que se repetem*, organizado por Paulo Tunhas.
[294] Vaysse, J-M. *L'inconscient des modernes. Essai sur l'origine métaphysique de la psychanalyse*, Paris, Gallimard, 1999, p. 10.
[295] *Op. cit.*, p. 13.

de vista da minha própria investigação, Vaysse aponta no bom sentido, mas em termos que me parecem claramente insuficientes. Porque, se é certo que o inconsciente se encontra em estado de latência na metafísica de inspiração cartesiana, não é menos verdade que o trabalho do inconsciente é expressamente reconhecido pela subjetividade renascentista, muito especialmente nos *Ensaios* de Montaigne. Longe de se deixar ofuscar pelo brilho fugaz de um pensamento que se toma a si mesmo como objeto na procura de uma total transparência, Montaigne segue o curso vagabundo de uma cogitação em que o eu revela a sua impotência para controlar e dirigir os impulsos que o sacodem e incitam: "Acontecem em mim mil agitações indiscretas e casuais"[296].

No quadro do pensamento clássico, há toda uma corrente espiritual e moralista, que assume o lado abissal das nossas motivações mais íntimas. A dualidade coração/razão, justamente celebrizada pela máxima de Pascal "o coração tem as suas razões, que a razão desconhece", trabalha igualmente as *Máximas* de La Rochefoucauld, onde se pode ler: "todos aqueles que conhecem o seu espírito não conhecem o seu coração"[297], ou ainda: "Se há amor puro e isento da mistura das nossas outras paixões, é aquele que está escondido no fundo do coração, e que nós próprios ignoramos"[298].

Leibniz não é o único do seu tempo a reconhecer a força do inconsciente, mas é, sem dúvida, aquele que lhe concede um lugar primordial e uma presença mais alargada. O objetivo deste trabalho consiste precisamente em focar a concepção leibniziana de inconsciente, evidenciando a sua capacidade de interpelar a posteridade de Freud no seio da qual pensamos esta temática.

Leibnizianamente, o inconsciente é o modo de presença da vida no vivo. O seu estatuto é o de um estrato arcaico, um fundo de *passividade originária*

---

[296] Montaigne, M. *Essais*, Paris, ed. Garnier-Flammarion, 1969, livro II, cap. 12, p. 231.
[297] La Rochefoucauld, F. *Réflexions ou sentences et maximes morales*, in Œuvres complètes, Paris, Gallimard, 1964, p. 417.
[298] *Op. cit.*, p. 412.

— no sentido que Michel Henry dá a esta locução[299]. Mais explicitamente, *o inconsciente leibniziano qualifica o modo de fenomenalidade de um si primordial*, situado aquém do eu e da consciência, operando mediante percepções e inclinações insensíveis, que não são passíveis de apreensão objetal em virtude da *confusão* que as habita. Leibniz denomina-as insensíveis ou imperceptíveis a fim de marcar bem que essas inclinações e percepções são inencontráveis no grande teatro da percepção e da linguagem vulgar e, contudo, elas são absolutamente requeridas a um olhar mais penetrante, visando apreender as *disposições* e *predisposições* que predeterminam o ser numa ou noutra direção.

A significação e estatuto do inconsciente leibniziano parece-me revelar uma afinidade profunda com o inconsciente freudiano, na interpretação de A. Green, segundo a qual o percurso de Freud tende a sobrepor o isso (*das Es*) ao inconsciente[300], reconhecendo o fundo de passividade no qual se inscreve o eu[301]. A afinidade de Leibniz com uma figuração do inconsciente que de algum modo o desclassifica e reduz à forma adjetiva reside em que, leibnizianamente, o inconsciente não é assimilável a uma entidade substancial, sendo antes o qualificativo de um nível e modo da realização do ser.

Numa obra cujo traço mais saliente é a diversidade, a temática do inconsciente encontra-se dispersa por uma quantidade imensa de textos que

---

[299] Florinda Martins foca muito pertinentemente este tópico (Martins, F. *Recuperar o humanismo. Para uma fenomenologia da alteridade em Michel Henry*, Cascais, Principia, 2002).

[300] "Pode-se falar, sem exagero, de uma desafecção crescente de Freud a respeito do inconsciente na segunda metade da sua obra. Aquilo que nas descobertas iniciais da psicanálise era um dos mais belos ornamentos da coroa do seu criador desvalorizou-se progressivamente. Ao ponto de em 1939, no *Resumo de psicanálise*, lhe não ser consagrado nenhum capítulo em particular e de sistema o conceito passa ao nível de adjetivo. O inconsciente mais não é do que uma qualidade psíquica. A viragem estava esboçada há muito. Se a seguirmos, remontando ao Abrégé, encontramos a sua confirmação em *O eu e o isso*, onde o isso destrona o inconsciente." (Green, A. *Le discours vivant*, Paris, Puf, 1973, reimp. 2001, p. 243).

[301] "A expressão *das Es* atrai Freud na medida em que ilustra a ideia desenvolvida por Groddeck de que "... aquilo a que chamamos o nosso ego se comporta na vida de uma forma totalmente passiva e [...] somos vividos por forças desconhecidas e indomáveis" (Laplanche-Pontalis, *Vocabulário de Psicanálise*, entrada Id).

estão longe de formar um bloco homogêneo tanto no plano das doutrinas como ao nível do léxico utilizado. Ainda assim, julgo que uma carta a Remond, de 1715, ilustra exemplarmente a posição leibniziana da questão: "Concedo aos cartesianos que a alma pensa sempre, mas de modo nenhum concedo que ela se apercebe de todos os seus pensamentos. Com efeito, as nossas grandes percepções e os nossos grandes apetites, dos quais nos apercebemos, são compostos de uma infinidade de pequenas percepções e de pequenas inclinações, de que não poderíamos aperceber-nos. E é nas percepções insensíveis que se encontra a razão daquilo que se passa em nós; como a razão daquilo que se passa nos corpos sensíveis, consiste nos movimentos insensíveis."[302]

A questão fundamental que o texto leibniziano suscita é esta: a consciência de si é um ato simples, que se esgota na atualidade da presença a si ou ela pressupõe o fluxo interminável de uma vida pensante inextricavelmente múltipla? Por seu lado, a questão da simplicidade do ato aperceptivo arrasta a pergunta pela autonomia e transparência da consciência.

2. O significado da consciência: o paradigma lockeano

A CONSCIÊNCIA É O NÚCLEO DE UM NOVO PARADIGMA FILOSÓFICO, que corresponde a uma das orientações fundamentais da modernidade, originando as chamadas filosofias da consciência. A noção de consciência faz a sua proto-aparição filosófica nos *Ensaios* de Montaigne, onde assume o estatuto de *esforço maravilhoso*, gerador de uma cisão dentro do eu, ao confrontá-lo com a zona obscura dos seus desejos e pensamentos abissalmente inconfessáveis, que o sujeito se revela incapaz de dirigir e controlar[303].

---

[302] Leibniz, G. W. *Opera Philosophica Omnia*, ed. J. Erdmann, 1840, p. 736.
[303] "Quão maravilhoso é o esforço da consciência! Ela faz-nos trair, acusar e combater a nós próprios e, na ausência de testemunho alheio, produz-nos contra nós." (Montaigne, *Essais*, livro II, cap. 5, p. 39).

Descartes assume a consciência como o teatro do eu na relação de si consigo: a imediatez da referência a si, pela qual se define cartesianamente o pensamento, é outro modo de dizer a consciência[304]. No entanto, a substancialização da consciência, necessariamente requerida pelo procedimento cartesiano[305], impede o autor de constituir uma verdadeira filosofia da consciência. Tal será o contributo de pensadores como Malebranche e Locke, que assumem a consciência como uma estrutura original irredutível à forma metafísica do ente substancial.

Vou prestar uma atenção particular a Locke, que, no cap. 27 do livro II do *Ensaio sobre o entendimento humano*, escrito por sugestão do seu amigo irlandês Wiliam Molineux e inserido na 2ª edição da obra (1694), onde o autor desenvolve uma teoria da identidade pessoal, dissociando-a da identidade substancial e da identidade do homem[306], considerada como a

---

[304] A sinonímia pensamento/consciência está bem patente no confronto entre a versão latina e a francesa (revista por Descartes) do início do art. IX dos *Princípios da filosofia*: "Pelo termo pensamento entendo todas aquelas coisas que ocorrem em nós quando estamos conscientes, na medida em que há em nós consciência delas"; "Pela palavra pensamento entendo tudo o que ocorre em nós de tal maneira que o apercebemos imediatamente por nós próprios".

[305] A este respeito, cf. Cardoso, A. *Fulgurações do eu. Indivíduo e singularidade no pensamento do Renascimento*, Lisboa, Ed. Colibri, 2002, pp. 14-15.

[306] "Por conseguinte, não é a unidade da substância que compreende todos os tipos de identidade ou que a determinará em cada caso. Mas para a conceber e julgar correctamente a seu respeito, deve considerar-se a ideia a que ideia se aplica a palavra: de fato, uma coisa é ser a mesma substância, outra ser o mesmo homem, e uma terceira ser a mesma pessoa, se pessoa, homem e substância são três nomes que representam três ideias diferentes. Com efeito, a identidade deve ser tal qual a ideia que pertence a esse nome." (Locke, J. *An essay concerning human understanding*, livro II, cap. XXVII, § 7, Oxford, Oxford University Press, 1975, p. 332).
As citações do *Ensaio* de Locke serão feitas a partir da edição referida, em traduções minhas. No que se refere especificamente a este capítulo, a tradução portuguesa, editada pela F. C. Gulbenkian (1999), assinada por E. Abranches de Soveral e revista por Gualter Cunha e Ana Luísa Amaral, deturpa o original em aspectos filosoficamente relevantes. A título de exemplo, veja-se a tradução do § 9 (§ 11 da edição da F. Gulbenkian, pp. 442-443). Para lá da muito problemática tradução de *self* (si) por eu — termo que julgo dever ser reservado para traduzir o pronome *I*, substantivado (§ 20) — e de *sameness* (mesmidade) por singularidade, traduz-se "It being impossible for any one to perceive, without perceiving, that he does perceive" (Sendo impossível a qualquer um perceber sem

permanência de uma mesma vida, expressa na subsistência do mesmo corpo organizado (*the same organized body*)[307]. O interesse dos estudiosos atuais por este capítulo do *Ensaio* justifica-se inteiramente pelo modo de posição da questão, pelo impacto histórico e, ouso dizê-lo, pela sua atualidade. Nele, o médico e filósofo inglês delineia uma filosofia da consciência que se constitui expressamente contra a metafísica que suporta as egologias fundadoras. Como bem escreve Yves Zarka: "Todo o esforço do cap. XXVII visa realizar uma desontologização da questão do si pondo em causa a relação estabelecida por Descartes entre pensamento e substância"[308].

A identidade pessoal não implica referência à alma enquanto unidade previamente dada que se desenrola numa multiplicidade de estados e ações. *A pessoa não tem essência*, é um trabalho de reunião de uma série de atos passados e futuros, construindo o tipo de identidade dinâmica que habitualmente designamos como *ipseidade*. A pessoa é a unidade de uma história singular, o centro de uma narrativa que se desenrola temporalmente. A consciência é o agente da personalização, introduzindo a duração no fluxo sucessivo dos acontecimentos.

O termo correlativo da consciência não é um eu interior que se desdobra em sujeito e objeto: ela é correlativa de um *si* (*Self*) que se gera na auto-afecção originária. O *si* é a qualidade moral da ação do ser pensante, que assume como *seus* os estados que o afetam. Por seu lado, a consciência é o operador da constituição do si ou a efetividade da auto-afecção: "Depois destes preliminares no intuito de determinar em que consiste a identidade pessoal, importa considerar o que representa a pessoa; é, penso, um ser pensante e inteligente, dotado de razão e de reflexão, e que pode considerar-se

---

perceber que percebe): "sendo impossível para qualquer um compreender sem *apreender* que consegue compreender" (p. 443). É assim ocultado ao leitor português que, como é típico do século XVII, a *percepção* designa aqui o modo de relação de si consigo.

[307] *Essay*, II, XXVII, § 6, p. 332.
[308] Zarka, Yves. *L'autre voie de la subjectivité*, Paris, Beauchesne, 2000, p. 21.

a si mesmo como si mesmo (*and can consider it self as it self*), uma mesma coisa em diferentes tempos e lugares; o que se faz unicamente através desta consciência, que é inseparável do pensamento, e, segundo me parece, lhe é essencial: sendo impossível a qualquer um perceber sem perceber que percebe (*it being impossible for any one to perceive, without perceiving, that he does perceive*)."[309] Percepção e consciência são indissociáveis: a consciência acompanha todos os nossos atos realizando a sua pertença a um mesmo *si*.

No quadro intelectual assim delineado, consciência e pessoa são termos coextensivos (§§ 10 e 14), pelo que duas substâncias distintas podem formar uma única pessoa, se persistir a mesma consciência (§ 13), tal como a descontinuidade da consciência faz surgir uma nova pessoa, apesar da permanência de uma mesma substância: "É por isso que eu digo que em todos esses casos, sendo a nossa consciência interrompida e tendo nós perdido de vista os nossos *si* passados (*and we losing the sight of our past selves*), é motivo de dúvida se somos verdadeiramente a mesma coisa pensante, isto é, a mesma substância, ou não. Que isso seja ou não racional, não afeta nada a identidade pessoal. Porque a questão consiste em saber o que faz a mesma pessoa, e não se é a mesma substância idêntica que pensa sempre no seio da mesma pessoa, o que na ocorrência não tem nenhuma importância. Diferentes substâncias podem estar unidas numa só pessoa pela mesma consciência (quando participam nela) exatamente como diferentes corpos podem estar reunidos num só animal, cuja identidade é preservada, nessa mudança de substâncias, pela continuidade de uma vida continuada (*by the continuity of one continued life*). Pois, dado que é a mesma consciência que faz com que um homem seja ele mesmo para si mesmo (*himself to himself*), a identidade pessoal depende tão-só disso (*personal identity depends on that only*), quer ela esteja ligada a uma única substância individual quer seja continuada pela sucessão de múltiplas substâncias." (§ 10).

---

[309] *Essay*, II, XXVII, § 9.

A tematização lockeana da identidade pessoal apresenta dificuldades intrínsecas que não passaram despercebidas ao seu autor, a primeira das quais reside na impossibilidade da percepção do *si* enquanto tal, mediante um olhar omnicompreensivo. Efetivamente, dado o caráter pontual da consciência, a duração ou continuidade temporal do *si* comporta necessariamente lacunas que são atestadas pelas falhas da memória (§ 25). Daí que a disposição do *si* para a personalidade jamais alcance a identidade plena e a coincidência efetiva de si consigo. Permanece sempre algum desajustamento, indiciando uma zona de penumbra, qualquer coisa como um infra-consciente, que, todavia, só faz sentido na medida em que o referirmos à consciência[310]. O inconsciente extravasa o âmbito da reinterpretação tão excitante que Locke faz do eu: não o eu do homem[311], mas um eu que se define como trânsito de si a si mesmo — a *ipseização* empreendida pela consciência.

O confronto com a teoria lockeana da identidade pessoal fornece a Leibniz a oportunidade para explicitar e aprofundar a sua metafísica do inconsciente. O ponto nuclear de divergência entre os dois filósofos diz respeito

---

[310] Essa zona obscura será manifestada à consciência no dia do Juízo final. Numa reveladora inovação teológica, Locke defende que a justiça divina se legitima pela consciência plena que a pessoa então recebe da totalidade dos seus atos: "E, portanto, de acordo com isto, o Apóstolo diz-nos que no dia do Juízo, quando cada um *for recompensado conforme aos seus atos, os segredos de todos os Corações serão desvendados*. O veredito *será justificado pela consciência que todas as pessoas então terão* [it. meu] de que elas próprias são precisamente as mesmas que cometeram esses atos e merecem ser punidas por eles, sejam quais forem os corpos em que elas se manifestam ou as substâncias às quais se liga essa consciência." (*Essay*, II, XXVII, §26).

[311] "Mas poder-se-á ainda objetar: suponhamos que eu tenha perdido completamente a memória de certas partes da minha vida, bem como a possibilidade de as reencontrar, de tal maneira que talvez eu nunca mais venha a estar consciente delas. Todavia, não sou eu a mesma pessoa que fez essas ações, que teve esses pensamentos, de que eu estive consciente uma vez, se bem que agora os esqueci? Ao que eu respondo que se deve prestar aqui atenção àquilo a que se aplica a palavra eu, que neste caso é meramente o homem. E, presumindo que o mesmo homem é a mesma pessoa, facilmente se supõe aqui que eu significa também a mesma pessoa. Mas, se é possível que o mesmo homem tenha, em diferentes momentos do tempo, consciências distintas sem nada de comum entre elas, não há dúvida de que o mesmo homem constituiria em momentos diferentes pessoas diferentes." (*Essay*, II, XXVII, § 20, p. 342).

à relação entre o si e a consciência: ao passo que para o autor do *Ensaio* o *si* é o resultado da operação da consciência, para o autor dos *Novos Ensaios* a consciência é a expressão culminante do si, mas não a sua gênese e âmbito próprio: "No que se refere ao si (*soi*), será bom distingui-lo da aparência do si e da consciência. O si faz a identidade real e física, e a aparência do si, acompanhada pela verdade, acrescenta-lhe a identidade pessoal"[312]. Em termos leibnizianos, o *si* é o ser vivo enquanto portador de uma *vivência* própria, isto é, na medida em que ele assume a vida como *sua*. O si é dinamismo de auto-constituição do ser vivo, a sua função consiste em realizar a pertença da vida ao vivo, situando-a na esfera da *imanência* radical. A sua qualidade é basicamente afetiva, não moral, como em Locke.

Leibniz concorda com Locke num ponto decisivo: a consciência desempenha uma função essencial na gênese e constituição da pessoa ou do eu moral. A consciência é prova suficiente da presença da pessoa: "Também sou dessa opinião — escreve Leibniz —, que a consciência ou sentimento do eu (*moi*) prova uma identidade moral ou pessoal." (*ibid.*). O *cogito*, interpretado como sentimento de si, é uma certeza indubitável, posto que "uma percepção íntima e imediata não pode enganar naturalmente" (*ibid.*). O estatuto do *cogito* como uma *evidência sensível*, uma experiência originária, uma verdade de fato, não uma proposição universal e necessária, é uma tese lapidarmente expressa em carta a J. Gallois[313], de finais de 1672, e que se manterá como uma das constantes do leibnizianismo[314].

---

[312] Leibniz, G. W. *Novos Ensaios sobre o Entendimento Humano*, trad. A. Cardoso, Lisboa, Colibri, 1993, livro II, XXVII, p. 161.

[313] Considerando dois tipos de verdades evidentes, cuja certeza é internamente garantida, as verdades sensíveis imediatas e as proposições idênticas, Leibniz prossegue: "Com efeito, em primeiro lugar, devem ser aceites aquelas que assentam nos sentidos, como seja que eu me sinto a mim mesmo sensiente (me à me sentiri sentientem). (...) eu sou um ser que sente (*ego sum sensiens*)" (*Carta a J. Gallois*, A II, I, p. 227).

[314] Os *Novos Ensaios* (1704) são típicos a este respeito: "Estou inteiramente de acordo com tudo isso. E acrescento que a apercepção imediata da nossa existência e dos nossos pensamentos nos fornece as primeiras verdades *a posteriori*, ou de fato, isto é, as *primeiras experiências*, do mesmo modo que as proposições idênticas contêm as primeiras verda-

Se a experiência imediata de si é o protótipo das verdades a nosso respeito, por que razão utiliza Leibniz as expressões *aparência de si* e *identidade aparente*, por contraposição ao si e à identidade real? Leibniz joga na dualidade que opõe o real e a aparência, mas num sentido distinto do "vulgar": o si aparente não é um si diminuído, qual duplo enfraquecido do si real. Ao invés, o si aparente acrescenta alguma coisa ao si real, eleva-o a uma nova dimensão: "Esta continuação e ligação de percepções faz o mesmo indivíduo realmente, mas as apercepções (isto é, quando nos apercebemos dos sentimentos passados) provam além disso uma identidade moral e fazem aparecer a identidade real"[315]. O movimento do si real ao si aparente é um movimento de concreção: um si confusamente envolvido apela a um estádio superior que o desenvolva e realize plenamente. Na formulação leibniziana, a *aparência significa aparição* a si próprio, não uma simples percepção, mas a apercepção de si: a identidade moral é "aparente a nós próprios" ou "aparente à própria pessoa". A aparência tem, pois, a significação fenomenológica daquilo que se manifesta à consciência.

A consciência de si é uma modalidade original do ser, irredutível à simples percepção nua ou à percepção animal, mas que se ancora no si vivo: a consciência supõe o si biológico, que se constitui aquém da consciência. *A consciência é pertença de um si que a extravasa.* Por conseguinte, a pessoa é unidade integradora de uma multiplicidade de estratos da ação, dentre os quais se destaca o pensamento consciente. Pessoa é o cume da escala da vida. Do ponto de vista natural, não é possível a existência de um espírito separado da matéria: "Parece-me que defendeis, Senhor, que essa identidade aparente se poderia conservar, quando não houvesse nenhuma identidade real. Eu creria

---

des *a priori*, ou de razão, isto é, *as primeiras luzes*. Umas e outras não carecem de prova e podem ser chamadas *imediatas*: aquelas porque há uma imediação entre o entendimento e o seu objeto, estas porque existe imediação entre o sujeito e o predicado." (*Novos Ensaios*, IV, IX, 2, p. 309)

[315] *Novos Ensaios*, II, XXVII, p. 162.

que isso talvez fosse possível mediante a potência absoluta de Deus, mas segundo a ordem das coisas, *a identidade aparente à própria pessoa, que se sente a mesma, supõe a identidade real* em cada passagem próxima, acompanhada de reflexão e sentimento do eu: não podendo uma percepção íntima e imediata enganar naturalmente. Se o homem pudesse ser apenas máquina e com isso ter consciência, *deveria ser-se da vossa opinião*, Senhor; mas eu defendo que esse caso não é possível, pelo menos naturalmente."[316][itálicos meus].

Se o homem pudesse ser apenas máquina e com isso ter consciência... Mas não pode. A dissociação lockeana entre homem e pessoa é artificial. Não é logicamente absurda, mas é física e moralmente impossível: um espírito puro seria qualquer coisa de extra-ordinário, um *prodígio* cuja existência reclamaria uma intervenção especial de Deus, um verdadeiro milagre, no sentido de que é algo incompatível com a ordem natural. Um espírito desencarnado seria um monstro e *um mundo de espíritos seria uma multidão constituída por entidades atómicas*, sem qualquer vínculo que estabelecesse entre elas um princípio de comunidade: "Se houvesse apenas espíritos, eles careceriam de ligação necessária"[317].

No quadro do leibnizianismo, não há comunicação imediata entre os espíritos, toda a comunicação se exercendo através da mediação dos órgãos, ao invés da orientação típica do cartesianismo, que tende a excluir o corpo da comunicação intersubjetiva. O médico "ocasionalista" G. Cordemoy leva ao limite essa orientação: "Pois, finalmente, o espírito deve aperceber mais

---

[316] *Novos Ensaios*, II, XXVII, p. 160.
[317] *Ensaios de Teodiceia*, art. 120. Leibniz reafirma a mesma ideia no art. 200 desta obra: "Mas o Sr. Diroys pretende que, se Deus produzisse sempre o melhor, produzirá outros deuses; a não ser assim, cada substância que ele produzisse não seria nunca a melhor nem a mais perfeita. Mas ele engana-se, em virtude de não considerar a ordem e a ligação das coisas. Se cada substância isoladamente tomada fosse perfeita, elas seriam todas semelhantes, o que não é conveniente nem possível. Se fossem deuses, não teria sido possível produzi-los. Logo, o melhor sistema das coisas não conterá deuses; será sempre um sistema de corpos, isto é, de coisas dispostas segundo os lugares e os tempos, e de almas que representam e apercebem os corpos, e segundo as quais os corpos são em boa parte governados."

facilmente um pensamento, que é uma coisa espiritual, do que o signo desse pensamento, já que esse signo é uma coisa corporal. Assim, julgo que para os espíritos é muito mais natural manifestarem-se (*se manifester*), isto é, comunicarem-se os seus pensamentos por si mesmos e sem nenhuns signos, do que falarem-se (*se parler*), isto é, comunicarem-se os seus pensamentos através de signos, que são de uma natureza muito diferente da dos pensamentos"[318].

 O estilo de relação entre a alma e o corpo é um dos pontos mais caracteristicamente leibnizianos e onde melhor se evidencia a procura de uma via original entre monismo e dualismo. Corpo e alma copertencem-se originariamente. A alma é princípio imanente de composição de um organismo dotado de espontaneidade e finalidade intrínseca; é pela ligação a um corpo singular que a alma se determina e que ela representa o mundo exterior: "Além disso, sendo mais proximamente expressa a massa organizada, na qual está o ponto de vista da alma, e encontrando-se reciprocamente pronta a agir por si mesma, segundo as leis da máquina corporal, no momento em que a alma o quer, sem que uma perturbe as leis da outra, tendo então os espíritos e o sangue justamente os movimentos que lhes são necessários para responder às paixões e às percepções da alma, é essa relação mútua previamente regulada em cada substância do universo, que produz aquilo a que chamamos a sua comunicação e só ela opera a união entre a alma e o corpo"[319]. O corpo é mediador universal de ordem, sem a ligação a um corpo, os espíritos seriam como que "desertores da ordem geral"[320].

 A união entre o corpo e a alma é um caso especial do exercício da expressão que regula todo o universo leibniziano. A universalidade da expressão significa que há uma correspondência entre todas as coisas, que tudo conspira: "Uma coisa exprime uma outra (na minha linguagem) quando há uma relação constante e regrada entre o que se pode dizer duma e da

---

[318] Cordemoy, G. *Discours physique de la parole*, p. 61.
[319] *Système nouveau*, § 14.
[320] GP VI, p. 546.

outra. É assim que uma projeção de perspectiva exprime o seu geometral. A expressão é comum a todas as formas, e é um gênero do qual a percepção natural, o sentimento animal e o conhecimento intelectual são espécies."[321]

Todos os seres exprimem um mesmo mundo, que fazem variar segundo o modo peculiar da sua expressão. No que respeita à entre-expressão do corpo e da alma, eles simbolizam um com o outro. Mais explicitamente, a operação do corpo e da alma é uma só (tudo o que se passa na alma se exprime igualmente nos órgãos), comportando duas dimensões distintas: "... as funções da alma são sempre acompanhadas pelas funções dos órgãos, que lhes devem responder, e isso é e será sempre recíproco".[322]

O ato da vida é a percepção, entendida como dinamismo de ajustamento e entre-expressão. À consciência da sua própria percepção chama Leibniz *apercepção* e é um atributo dos seres racionais. No entanto, o si é um estrato mais arcaico e que é apanágio de todos os seres. A vida é subjetividade, isto é, experiência de si. Desde o seu nível mais elementar, o ser vivo é afetado pelo mundo do qual participa e também pelo seu próprio ato, que integra no campo da sua vivência. *A auto-afecção originária do vivo dá-se sob a forma passiva do afeto*. Não há percepção afetivamente neutra, toda a percepção comporta uma tonalidade afetiva: "Creio que não há percepções que nos sejam completamente indiferentes, mas basta que o seu efeito não seja notável para que as possamos chamar assim, já que o prazer ou a dor parece consistir numa ajuda ou num impedimento notável"[323]. O sentimento de prazer-dor desempenha um papel fundamental na regulação da atividade do percipiente e no seu modo de adesão à vida, originando resistências e bloqueamentos ou estimulando a ação.

Somos levados, assim, a uma nervura fundamental do pensamento leibniziano: o modo de articulação entre percepção e apetição. Numa

---

[321] *Carta a Arnauld*, 9. 10. 1687, GP II, p. 112.
[322] GP VI, p. 533.
[323] *Novos Ensaios*, II, XX, pp. 109-110.

primeira leitura, a apetição parece vazia, sem uma significação e função específica, designando a simples transição de percepção em percepção. A exegese leibniziana inclinou-se nessa direção, mas trata-se, julgo, de uma leitura dificilmente sustentável. Com efeito, a apetição é *a ação do princípio interno* segundo o qual as percepções nascem do fundo do próprio ser: "A ação do princípio interno que opera a mudança ou a passagem de percepção em percepção pode chamar-se apetição"[324]. A apetição opera a mediação entre estado e processo, é um aspecto intrínseco da percepção, o seu aspecto tendencial. A apetição é o lado invisível da operação, inapreensível a um olhar objetal, pré-intencional, a orientação do fluxo perceptivo segundo uma dinâmica própria.

Tomemos um exemplo banal: aconteceu-me agora fixar esta caneta, a minha caneta mais habitual. Algo me levou a fixar o olhar nela e não em tantos outros objetos possíveis da minha atenção. Enquanto a fixo, a cor do meu mundo torna-se mais viva e diversificada, pelo que a minha experiência atual ganha uma nova intensidade. A percepção da minha caneta não se esgota na pura atualidade da presença. Mesmo sabendo que a minha caneta é mais do que um objeto físico, que ela transporta uma carga emocional, há no fenômeno da sua percepção algo mais do que eu posso tematicamente apreender. De fato, cada um dos nossos atos perceptivos apoia-se em camadas de nós mesmos e da nossa vivência, que são invisíveis à percepção vulgar. Como Leibniz bem viu, a percepção de um determinado objeto não é um acontecimento pontual, o seu modo particular e a sua qualidade são o resultado de uma teia complexa de pequenas percepções insensíveis que envolvem todo o pequeno mundo que me singulariza.

No prefácio dos *Novos Ensaios*, Leibniz evidencia a força dessas percepções insensíveis que ocorrem permanentemente em nós e cuja função é absolutamente relevante. Elas ocupam um lugar mediador entre o ato e a

---

[324] *Monadologia*, § 15.

pura potência, são *o nível disposicional do agir, onde força e sentido entroncam um no outro.*

As pequenas percepções insensíveis são a efetividade da vida no seu fluxo espontâneo. Conferem unidade à série das nossas percepções, superando o caráter pontual e descontínuo da apercepção consciente. Por seu intermédio, gera-se a unidade de tal modo que o presente condensa os diferentes momentos de uma mesma vida perceptiva e reúne a infinidade de relações que a atravessam: "Estas pequenas percepções, mediante as suas sequências, têm uma eficácia maior do que se pensa. São elas que formam este não sei quê, estes gostos, estas imagens das qualidades dos sentidos, claras no conjunto, mas confusas nas partes, estas impressões que corpos circundantes exercem sobre nós, que envolvem o infinito, esta ligação que cada ser tem com todo o resto do universo. Pode inclusivamente dizer-se que, em consequência destas pequenas percepções, o presente está grávido do futuro e carregado do passado, que tudo é conspirante (σύμπνοια πάντα, como dizia Hipócrates) e que na menor das substâncias, dois olhos tão penetrantes como os de Deus poderiam ler toda a sequência das coisas do universo"[325].

A espontaneidade do ato perceptivo exprime-se através de uma reflexividade mediante a qual uma percepção é percepção de outra percepção ao infinito. Esta reflexão natural pela qual se conserva uma mesma vida, é objeto de um verdadeiro espanto por parte de Leibniz: "Parece-me sumamente admirável a operação do espírito quando penso que penso e, no decurso do pensamento, noto logo que penso a respeito do meu pensamento, e pouco depois admiro esta triplicação da reflexão: seguidamente apercebo-me de que me admiro e não sei como admiro a própria admiração, e maravilhado com uma única contemplação, entro cada vez mais em mim mesmo e eu próprio elevo ao espírito os meus pensamentos"[326].

---

[325] *Novos Ensaios*, prefácio, p. 30.
[326] *De reminiscentia*, A VI, III, p. 516.

A reflexividade, porém, não é tudo: por si só, ela não gera novidade e poderia significar a reiteração indefinida de uma mesma percepção, uma metonímia interminável e incomodamente monótona. Continuidade, mas também mudança. As pequenas percepções são igualmente denominadas "variações insensíveis" porque, ao operarem o acomodamento entre a alma e o corpo e o seu ajustamento ao mundo circundante, elas representam a determinabilidade do ser, o afeto em estado puro, no sentido leibniziano de uma protodeterminação originariamente diferenciadora dos seres: "Notei ainda que, em virtude das variações insensíveis, duas coisas individuais não poderiam ser perfeitamente semelhantes, e que devem diferir mais do que *numero*, o que destrói as tabuinhas vazias da alma, uma alma sem pensamento, uma substância sem ação (...) e mil outras ficções que derivam das suas noções incompletas"[327].

Uma dessas muitas ficções que derivam das noções incompletas é a de uma liberdade abstrata e ideal, como se a vontade se determinasse no vazio. No léxico leibniziano, uma noção incompleta é aquela que decorre da definição nominal de uma coisa, sem elucidar a sua gênese e o modo efetivo do seu exercício. Assim, a compreensão da liberdade exige a elucidação da gênese da vontade e do seu modo de determinação. A focagem leibniziana não incide, pois, sobre uma faculdade nua e indiferente, mas sobre uma potência disposta a agir e permanentemente solicitada pela representação de uma infinidade de bens. Por conseguinte, a noção de livre arbítrio, considerado como a possibilidade de a vontade se decidir indiferentemente por tal ou tal ato, é inteiramente quimérica e absurda.

A vontade é uma potência que se encontra só no ser racional, mas ela não surge do nada: responde ao apetite natural do vivo, que lhe é análogo e a antecipa. Consequentemente, a vontade aprofunda e intensifica a espontaneidade natural, que eleva ao plano da liberdade, definida como espontaneidade

---

[327] *Novos Ensaios*, prefácio, p. 31.

do ser racional (*spontaneitas intelligentis*). Adequadamente considerada, a liberdade real não assenta na absoluta indeterminação da vontade, mas em disposições internas: "A raiz da liberdade está nas disposições originárias"[328].

Demarcando-se da tendência para elaborar uma moral de tipo geométrico-dedutivo, Leibniz funda-a em dispositivos intrínsecos ao sujeito moral e que respondem a uma finalidade imanente. Dentre esses dispositivos — que são denominados "instintos" —, Leibniz releva a tendência para seguir a alegria e evitar a tristeza[329].

Enquanto tal, a vontade é *inclinação* para o que se lhe apresenta como bem[330]. Pela própria natureza, a vontade segue sempre a representação mais vantajosa, a qual, porém, não é meramente intelectual, para ela concorrendo múltiplas percepções confusas, que não controlamos: "Pela minha parte, não obrigo a vontade a seguir sempre o juízo do entendimento, já que distingo esse juízo dos motivos que derivam das percepções e inclinações insensíveis. Mas defendo que a vontade segue sempre a representação mais vantajosa, distinta ou confusa, do bem e do mal, que resulta das razões, paixões e inclinações"[331].

Ser livre é determinar-se a si mesmo por *razões, paixões e inclinações*. O sujeito moral age pela consciência que tem da situação e da qual faz parte o modo de implicação do sujeito nessa mesma situação. A consciência, e designadamente a consciência moral, é tudo menos transparente a si mesma, revelando-se incapaz de se aperceber do jogo completo pelo qual o espírito

---

[328] "Radix libertatis est in dispositionibus primitivis." (*De dispositionibus internis*, Grua I, p. 327).

[329] "É absolutamente impossível que haja verdades de razão tão evidentes como as idênticas ou imediatas. E, se bem que se possa dizer verdadeiramente que a moral tem princípios indemonstráveis e que um dos primeiros e mais práticos é que se deve seguir a alegria e evitar a tristeza, é preciso acrescentar que isso não é uma verdade que seja conhecida puramente de razão, já que ela se funda na experiência interna, ou em conhecimentos confusos, pois não se sente o que é a alegria ou a tristeza." (*Novos Ensaios*, I, II, p. 57)

[330] "(...) neste sentido geral, pode dizer-se que a vontade consiste na inclinação para fazer alguma coisa na proporção do bem que encerra." (*Ensaios de Teodiceia*, art. 22, GP VI, p. 116).

[331] *Ensaios de Teodiceia*, GP VI, p. 413.

se determina internamente: "E se nem sempre notamos a razão que nos determina, ou antes, pela qual nós nos determinamos, isso deve-se a que somos igualmente incapazes de nos apercebermos de todo o jogo do nosso espírito e dos seus pensamentos, o mais das vezes imperceptíveis e confusos, quanto somos incapazes de destrinçar todas as máquinas que a natureza faz jogar no corpo"[332]. Reside aí o caráter labiríntico da liberdade: a consciência pela qual o sujeito moral orienta a sua ação forma-se nele insensível e inconscientemente, incorporando toda uma zona obscura ligada ao corpo e aos automatismos psíquicos. *A consciência não é consciente de si, do modo como progressivamente ela própria se forma.* O solo no qual se desenvolve a consciência é o da *crença*, que incorpora a memória vivida do sujeito e não apenas os argumentos racionais: "Contudo, vê-se por aí que, consistindo toda a crença na memória da vida passada, das provas e das razões, não está no nosso poder nem no nosso livre arbítrio crer ou não crer, dado que a memória não é uma coisa que dependa da vontade"[333]. Tal como a memória, também a consciência não depende do sujeito: está no nosso poder fazer o que queremos, mas não querer o que queremos, porquanto a crença escapa ao controle da vontade racional. Na expressão lapidar de Leibniz, "a consciência não está no nosso poder"[334].

3. Conclusão

LEIBNIZ APRESENTA-NOS UMA CONCEPÇÃO DINÂMICA DO inconsciente, identificado com um plano incessante de atividade irreprimível, primordial e prévia à consciência. Tal concepção é solidária do esforço

---

[332] *Novos Ensaios*, II, XXI, p. 120.
[333] *Novos Ensaios*, IV, I, p. 253.
[334] "(...) conscientia non est in potestate" (*Definitiones cogitationesque metaphysicae*, A VI, IV, p. 1394).

leibniziano de reforma da metafísica, em especial da noção de substância, que é reinterpretada à luz da analogia com o eu.

A questão do eu é longamente debatida entre Leibniz e Arnauld na correspondência subsequente à redação do *Discurso de Metafísica* (1686). Para o teólogo e gramático de Port-Royal, o eu significa a permanência de uma mesma identidade substancial, que não é afetada pelas mudanças que possam ocorrer nela. Que eu seja padre e celibatário ou médico e pai de filhos, que faça ou não uma certa viagem, são acidentes extrínsecos que em nada alteram a substância do eu[335]. Seria assim, replica Leibniz, se o eu fosse uma noção incompleta, isto é, uma entidade abstrata dotada de uma essência fixa, à maneira das entidades matemáticas, v. g. a esfera, cuja análise pode ser levada até ao fim: é incompleta porque *inefetiva*[336]. O eu é o protótipo do ser completo: uma substância com a totalidade dos acidentes de que pode ser sujeito ativo ou passivo. O eu contém envolvidamente o infinito, é um ponto de vista singular de um mesmo universo comum. Por conseguinte, a definição do eu como um espírito é leibnizianamente insuficiente porque ela não elucida o que faz a singularidade de cada eu: "Para entender o que é o eu, não basta que eu me sinta uma coisa que pensa, seria preciso conceber distintamente o que me diferencia de todos os outros espíritos possíveis; mas disso tenho apenas uma experiência confusa"[337].

Mas disso eu tenho só uma experiência confusa, porque me sinto, mas não tenho uma ideia distinta de mim próprio. A ipseidade do eu é de

---

[335] "Estou seguro de que, enquanto penso, eu sou eu. Mas posso pensar que farei tal viagem ou que não a farei, permanecendo seguro de que nem uma coisa nem a outra impedirá que eu seja eu. Considero, portanto, muito seguro que nenhuma delas está incluída na noção individual do meu eu." (*Carta de Arnauld a Leibniz*, 13. 05. 1686, GP II, p. 33).

[336] "Finalmente, estou de acordo que, para julgar acerca da noção de uma substância individual, é bom consultar a que eu tenho de mim mesmo, tal como se deve consultar a noção específica da esfera para julgar acerca das suas propriedades. Se bem que se trate de casos muito diferentes, porque a noção de eu e de qualquer outra substância individual é infinitamente mais extensa e mais difícil de compreender do que uma noção específica como a da esfera, que é meramente incompleta." (*Carta a Arnauld*, GP II, p. 45).

[337] *Carta a Arnauld*, de Junho de 1686, GP II, pp. 52-53.

um tipo diferente da identidade substancial: consiste em *pequenas variações insensíveis*, que escapam à percepção e à consciência. Essas variações são *imperceptíveis e inconscientes* porque se situam num plano arcaico, são *pura energia disponível*, pronta a responder ao modo de afecção do si, à qualidade da sua vivência subjetiva. Afeto é a designação leibniziana para esse ponto de variação: "O afeto é a determinação do espírito (*animi*) a pensar uma coisa de preferência a outras"[338].

Dizer eu é nascer, assumir como sua uma vida que se desenrola em nós e cuja vibração mais íntima se revela como surpresa, transição inexplicável, aparente desordem. Mesmo no âmbito do pensar racional, o mais decisivo passa-se em nós como que apesar de nós mesmos. Leibniz exprime lapidarmente esta condição passiva do sujeito do saber, arrastado no fluxo de uma vida pensante labirinticamente exuberante: "... fui insensivelmente conduzido a um sentimento que me surpreendeu, mas que se apresenta como inevitável e que tem, de fato, grandes vantagens e belezas muito consideráveis"[339].

---

[338] *De affectibus*, Grua II, p. 525.
[339] *Système Nouveau*, § 14.

Este livro foi impresso em papel Pólen Soft, tipologia Adobe Caslon Pro 10/16.